HYÈRES

EN PROVENCE,

ou

GUIDE DES VOYAGEURS.

HYÈRES

EN PROVENCE,

ou

GUIDE DES VOYAGEURS,

SUIVI DE

TABLEAUX,

DESCRIPTIONS ET VARIÉTÉS

CHAMPÊTRES.

PAR P. N. FELLON.

MARSEILLE,

TYPOGRAPHIE DE FEISSAT AÎNÉ ET DEMONCHY,

RUE CANEBIÈRE, N° 19.

—

1834.

HYÈRES

EN PROVENCE,

ou

GUIDE DES VOYAGEURS.

HISTORIQUE D'HYÈRES.

La Ville d'Hyères, connue sous le nom latin d'*Areæ*, conservé en provençal par celui d'*Iéro*, remonte à une haute antiquité. Tout porte à croire, selon les chroniqueurs, que les Camatulliciens qui habitaient les côtes maritimes de Toulon à Saint-Tropez en ont jeté les premiers fondemens, et que, quoique peu considérable, elle existait déjà au sixième ou septième siècle, lorsque l'Olbie du port de Léoubes, où la fixent Papon, Danville et plusieurs autres, fut détruite par les pirates Sarrasins. De sorte que *Areæ*, obscure et presque inconnue avant l'apparition des Sarrasins, aurait servi de lieu de refuge aux Marseillais qui habitaient Olbie. Mais rien ne serait moins vraisemblable que Hyères fut l'ancienne Olbie de Strabon, de Méla et de Ptolémée. *Areæ* aurait donc été accrue et fortifiée par les Olbiens qui la firent prospérer sous la protection du Château-fort qu'ils construisirent sur le point dominant et qui fut un objet de terreur pour ses ennemis. Les Romains, maîtres de la Provence, auraient ensuite eux-mêmes habité Hyères, couvert d'habitations ses alentours et cultivé son territoire. L'induction de ce fait est tirée de ce qu'on a découvert, dans le temps, deux pierres tumulaires attribuées à des familles de ces conquérans et placées l'une dans la rue Sainte-Catherine, l'autre dans la maison de M. Boutiny, rue Cheval-Blanc; des sépultures romaines sous le coteau de l'Hermitage, ainsi que des monnaies d'Antonin-le-Pieux et de Constantin-le-Grand; en outre, un beau pavé en mosaïque dans les terres de M. Clapiers, au nord-est de la ville : voilà les notions historiques et primitives d'Hyères qui offrent le plus de créance. Cette ville, en 980, passa sous la dépendance des vicomtes de Marseille, de la branche des seigneurs de Fox, qui la perdirent en 1662, avant le règne d'Ildefons Ier, pour la recouvrer ensuite dans la guerre que Guillaume VI, comte de Forcalquier, suscita contre Ildefons II, maître de la place d'Hyères. Après avoir été l'objet de guerres intestines,

Hyères jouit d'une grande importance, puisque
en 1200 elle fut décorée du titre pompeux de *No-*
bile Castrum Arearum. En 1257 Charles Ier, roi
de Naples et comte de Provence, attachant un haut
prix à la possession d'Hyères et surtout de son
château qui la rendait une des fortes places de la
côte de la mer, en acquit la propriété des vicomtes
de Marseille. En 1289 Hyères avait un viguier,
Toulon n'était que bailliage. Mais insensiblement
cette dernière ville réunissant tous les avantages
pour la guerre et le commerce, les possesseurs de
la Provence en firent leur objet de prédilection, et
Hyères, perdant l'avantage de sa position militaire,
vit s'évanouir sa splendeur. Toutefois l'agriculture
répara cette déchéance; l'étranger Rodolphe de
Liman construisit, en 1490, un canal d'arrosage
qui donna à Hyères une véritable richesse. En 1519
les Maures ravagèrent son territoire, et en 1536
Charles V lui préparait une seconde dévastation,
quand Doria, son général, l'épargna à raison de
l'attachement qu'il portait à Hyères. Sous le règne
de Henri III, en 1589, la population embrassa le
parti de la Ligue. Son Château, défendu par le baron
de Mévouillon, fut attaqué et battu. C'est sous
Henri IV que cet antique manoir, aux remparts
crénelés et flanqués de tours, fut démantelé, après
800 ans d'existence, pour satisfaire le ressentiment
de ce prince.

Hyères était une des douze sénéchaussées de la

Provence; l'honorable M. Dellor, encore vivant, a été son dernier lieutenant. Elle a été visitée, en 1254, par Saint Louis, à son retour de la Terre-Sainte, et, en 1564, par Charles IX qui, frappé de la beauté de son terroir, s'y arrêta cinq jours.

Telle est l'histoire succincte de cette ville que l'étranger désire toujours de connaître en arrivant dans ses murs. Aujourd'hui Hyères est simple canton de justice de paix. Sa population est de 10,042 habitans dont 3000 environ de la campagne; elle est dans le département du Var, à trois lieues de Toulon.

INTÉRIEUR DE LA VILLE.

Les groupes de palmiers qui ornent le superbe jardin de M. le comte de Beauregard, indiquent aux étrangers qu'ils touchent à la patrie de Massillon. On y arrive par la place dite des Récollets, et c'est de là que le voyageur reçoit la première impression que fait naître le beau territoire d'Hyères : ses regards embrassent à la fois le ciel le plus pur, la campagne la plus fleurie et l'aspect séduisant de la mer et des îles; cette place, d'un carré long, est bornée du côté du couchant par l'ancien couvent des Récollets, vieil édifice qui fut fondé en 1621 et qui a été converti en une maison de plaisance; le canal qui fertilise les jardins la longe du côté du midi. On y remarque une fontaine à forme pyramidale, élevée en 1832, et sur laquelle on lit cette inscription : *A Monsieur le baron Stulz, la ville d'Hyères reconnaissante.* Cette place est sans contredit la plus agréable et la plus riante. Dans la belle saison on vient souvent s'asseoir sous les vieux ormeaux qui l'embellissent pour jouir du merveilleux tableau de la campagne, et pour aspirer avec le frais du soir le parfum délicieux des orangers.

En hiver la verdure orgueilleuse des jardins et les abris que l'on y trouve la rendent également très-précieuse.

Hyères est entourée de murailles qui lui servaient de remparts et dont la construction est attribuée aux Romains. On en a utilisé les solides débris en y bâtissant des maisons très-agréables sous le rapport de leur exposition et de leur division intérieure. Cette cité conserve encore les deux anciennes portes qui devaient primitivement la clore et la préserver contre l'attaque de ses ennemis. Elles sont voûtées et construites en forme de tour carrée. La première, désignée sous le nom de *Porte de Fenouillet*, conduit en suivant devant soi aux quartiers hauts et en tournant immédiatement à droite à la rue de Liman, nom de l'habile constructeur du canal qui la borde. Cette rue longe une arcade intermédiaire appelée *Bortalet*, d'où l'on peut monter par la rue qui porte ce nom à la place Massillon, et elle va aboutir sous des portiques et de là à l'autre porte de la ville dite *la Rade*, située à l'extrémité Est. De cette dernière porte on va intérieurement à la rue Massillon, qui se prolonge jusqu'à l'Hôtel de Ville, et extérieurement aux places de la Rade et des Cordeliers ou Royale. A la première de ces places, vers le point méridional, on distingue le portail en fer qui donne issue au Jardin Filhe, séjour des plus rares beautés horticoles, et à l'est le château de M. Denis, maire, où le luxe des arts se joue dans son magnifique ameublement. La place Royale, entourée d'arbres, offre une promenade agréable. On y voit le buste en marbre du célèbre Massillon, fait dans les ateliers de Rome par les soins du ministre Martignac et élevé sur une colonne d'une seule pièce, dont le don a été fait à la ville par M. Stulz en 1832. On y remarque ensuite l'église des Cordeliers, fondée il y a environ sept siècles. Sa construction est très-solide, et son architecture du moyen-âge ressemble dans sa hardiesse à celle de l'église Saint-Maximin. Les Cordeliers possédaient les tombeaux des seigneurs de la maison de Fox; deux pierres tumulaires, l'une très-petite et placée sans apparence à l'extérieur de l'église, l'autre plus grande et plus ostensible établie dans l'intérieur, à la nef latérale sud, en indiquent le souvenir. Mais il faut être paléographe pour en déchiffrer les caractères gothiques. Selon la chronique, Saint Louis, en 1254, à son retour de la Terre-Sainte, fit aux Cordeliers une neuvaine de dévotion. Pendant son séjour il entendit prêcher dans la campagne un religieux de Saint-François, natif de Digne, qui tonnait contre les mœurs des moines ambitieux qui suivaient la cour. Les mémoires de Joinville, rapportés par Papon, assurent que le roi et toute sa suite sortirent de la ville pour l'entendre. Papon fait dater de 1290 l'église des Cordeliers ; c'est là sans doute un anachronisme, corrigé d'abord par l'existence bien antérieure des tombeaux de la maison de Fox dans ce couvent, et ensuite par le millésime 1155 qui paraît gravé sur un des cordons de la voûte, non loin de la porte principale.

La place Massillon est à peu près le centre de la cité. On y remarque une maison de Templiers qui, comme tous les anciens monumens, est très-solidement bâtie. Les frères Arnaud, Pierre-Jean de Montmeillan et Raymond de Angulis sont, selon l'historien Bouche, les infortunés religieux qui y furent arrêtés. L'air gothique de cette maison, qui sert aujourd'hui d'Hôtel de Ville, plaît à l'amateur des antiquités. Sur sa gauche, dans une rue obscure, étroite, mal pavée, appelée du nom *Rabaton*, se trouve la modeste habitation du grand évêque dont la voix éloquente intimida l'orgueil du superbe monarque qui disait : *L'état, c'est moi !* La chambre au rez-de-chaussée où il naquit est décorée d'inscriptions dédiées à ce prélat et qui font l'éloge de leur auteur.

C'est aux environs de la place Massillon et dans

les rues adjacentes que sont les boutiques des marchands de toute espèce, que se vendent les fruits, les légumes, les poissons et tout ce qui sert à la nourriture. De cette place on peut se rendre à l'ancien établissement des Pères de l'Oratoire sous lesquels l'évêque Massillon fit ses premières études. La maison qu'occupaient ces religieux est spacieuse et assez bien conservée, mais leur église dévastée et sans toiture sert à présent de jardin. On peut aussi visiter, non loin de là, la chapelle que M. le baron suédois de Stiruel consacra au souvenir de son épouse. C'est du quartier voisin et solitaire de la *Barbe-Canne* que commence la ville haute : on y trouve la cathédrale Saint-Paul, dont la construction est dans le genre de celle de l'Hôtel de Ville et date de la même époque. Son parvis n'a rien de l'art, mais il offre un tableau digne des Vernet et des David : c'est la campagne d'Hyères toujours belle, toujours harmonieuse. Toutefois les regards aiment à suivre, vers le haut de la place, le dessin hardi et mignon d'une tourelle placée au coin de la maison Clapiers. Les quartiers plus élevés, occupés par la classe des cultivateurs, n'offrent que des maisons très-anciennes, généralement petites et délabrées. On y voit cependant des restes de fort belles murailles, de larges portes dont les assises sont d'une coupe élégante, des arcades à demi ruinées et d'anciennes voûtes qui constatent encore un état passé d'aisance. On y remarque du côté du couchant, au quartier de Sainte-Claire, le couvent de ce nom qui n'est plus qu'un amas de décombres, et du côté du nord les vestiges d'une église antique connue sous la dénomination de Saint-Pierre. Ces maisons religieuses ont subsisté jusqu'à la révolution, et si le pays en a déploré la chute dans un temps de malheur, il doit se féliciter du dédommagement que notre époque lui offre dans l'institution des écoles qui répandent libéralement sur toutes les classes le bienfait de l'éducation jadis si coûteux et si peu étendu. A cet égard la ville d'Hyères doit un tribut d'hommages à une dame de Paris qui, en 1815, légua une somme importante pour la fondation d'une École Chrétienne, dont l'utilité actuelle fait chérir sa mémoire. Un propriétaire d'Hyères, M. Blaise Aurran, a généreusement contribué à la réalisation des vœux de la charitable et philantrope dame du Baillon.

RUINES DU CHATEAU.

L'intérieur de la ville offre peu d'intérêt aux étrangers, aussi les détails que l'on en donne ne sont destinés que pour ceux qui, fixés à Hyères pour quelque temps, sont bien aises de le connaître et de le parcourir; mais on doit leur indiquer avec plus d'empressement les ruines qui couronnent cette cité, à laquelle elles donnent un aspect à la fois aimable et pittoresque. On y parvient par la porte dite de Fenouillet et par les rues montantes de la cathédrale. Ordinairement l'inspection des ruines a en général quelque chose d'attachant, l'imagination réfléchie aime à y étudier la forme et la structure de chaque débris, à les réunir, les placer et relever en entier l'édifice ou le monument dont on contemple la destruction ; le genre et le caractère des personnages, les mœurs et les coutumes de l'époque qu'il rappelle, se joignent à cette fiction, et vous retracent de concert des événemens, des souvenirs éloignés sur lesquels on aime à méditer.... Les ruines du Château d'Hyères sont faites pour exciter cet intérêt chez les voyageurs qui y portent leurs pas. Projeté par des colons industrieux mais saccagés dans leur patrie, la construction du Château rappelle d'abord l'idée de ces temps de barbarie où le règne de l'intelligence et des lois n'étant pas solidement établi, des forbans d'outre-mer venaient impunément piller et dévaster les côtes de la Provence. Plus tard, devenu la retraite de sûreté des seigneurs et le théâtre de leur pouvoir vaniteux, ce Château, quoique tombé sous la main des hommes et du temps, offre aussi par sa position élevée et par ses restes menaçans, l'image de ces établissemens féodaux d'où sortaient sans révision des sentences de vie et de mort, des traités de paix et de guerre. Des remparts crénelés, sept à huit tours solidement bâties survivent à l'édifice principal, et ces objets que la mousse couvre ou

que le lierre grimpe aujourd'hui, témoignent toutefois des siéges et des combats que les Charles de
Naples, les Raymond de Turenne, les troupes de
Henri III et de Henri IV livrèrent à ce manoir, les
uns pour se disputer la place d'Hyères, les autres
pour y établir leur autorité méprisée et pour punir
la rébellion ou le fanatisme religieux. — Il existe
également des routes souterraines qui attestent les
moyens ingénieux que prenaient alors les assiégés
pour assurer, malgré les difficultés du terrain, leur
fuite ou leurs communications secrètes. Une de ces
routes a été découverte depuis peu de temps au
haut de la ville, dans le petit jardin de M. Meissonnier, notaire.

La visite des ruines d'Hyères procure, en outre,
des impressions plus flatteuses et plus positives:
c'est la vue d'un paysage qui de leur élévation se
déroule aux regards avec des graces et une majesté
inexprimables. Les tableaux aimables et poétiques
que l'on y rencontre vous retiennent des heures
entières, et l'on ne peut s'en séparer sans rendre en
quelque sorte hommage au lieu qui en commande
la perspective.

M. Casimir Valeran, possesseur des terres du
Château, a fait clore cet héritage historique; c'est
par ses soins que des routes nouvelles et moins
fatigantes vous conduisent sur le plateau qu'il a
orné d'une plantation de mûriers et d'un kiosque
qui favorise le point de vue. Ce propriétaire a fait

aussi réédifier le pavillon où la reine Jeanne venait autrefois charmer ses loisirs.

ABBAYE SAINT-BERNARD.

Non loin des ruines du Château se trouvent les encombres et les murs lézardés de l'abbaye royale de Saint-Bernard. Cet établissement, qui jouissait de plus de 15,000 francs de revenus, fut dévasté dans la révolution de 93; il était occupé par les filles nobles de l'ordre de Citeaux. En 1409 il servit de lieu de refuge aux religieuses de Saint-Pierre d'Almanarre, dont le monastère situé aux bords de la mer venait d'être la proie des pirates. Saure de Glandevès reçut l'union des deux couvens sous Benoît XIII. Les restes de cette abbaye, dont la supérieure était crossée, attestent encore son rang nobiliaire et sacerdotal. En 1780 l'abbé Papon visita les archives de ce couvent, dans l'espoir d'y trouver quelques matériaux pour son histoire de Provence.

ILES D'HYÈRES.

Les trois îles appelées Porquerolles, Port-Cros et du Levant ou Titan, dépendent d'Hyères. Elles portaient anciennement la dénomination de Stœcades, puis d'Iles-d'Or, à l'époque où François Ier les érigea en marquisat. La première n'est qu'à trois lieues de la métropole, c'est la plus peuplée et la plus riante : l'olivier y est chétif, mais la vigne y vient très-bien et produit d'excellent vin. La place de l'arrivage est environnée de maisons dont la plupart n'ont qu'un rez-de-chaussée; la forteresse qui la domine a été bâtie sous Louis XIV. A demi-lieue de la place au nord-ouest de l'île se trouve la fabrique de soude factice qui entretient constamment 150 ouvriers. Cet établissement curieux est administré par M. Rigaud. L'île appartient à M. Place; l'air y est très-salutaire et les eaux excellentes. Il serait difficile de rencontrer ailleurs plus de délices dans les agrémens de la pêche et de la chasse. La seconde île, celle de Port-Cros, est à une distance de six lieues de mer. Son quai, formant une ligne courbe, est très-bien entretenu, mais son intérieur est sauvage et montagneux. La forteresse élevée sur la place, où il n'y a que huit à dix maisons, est beaucoup plus ancienne que celle de Porquerolles. Au nord-est de l'île il existe également une fabrique de soude appartenant à MM. Gazzino et Rolland, de Marseille, possesseurs de cette île qui offre un port très-sûr pour le mouillage des navires. L'îlot de *Bagueou,* qu'on pourrait qualifier de garenne à lapins, en est à dix minutes. L'île du Levant est la plus grande et son sol le moins inégal. Elle est distante de demi-lieue de Port-Cros et la plus éloignée d'Hyères; les céréales prospèrent sur cette île qui n'a que quelques habitations. Il y existe une vieille tour, appelée Titan, élevée sans doute à l'époque où les Romains avaient assujetti la Provence. On y rencontre une mine d'amiante, des pierres précieuses et de rares végétaux dont les semences y sont apportées de fort loin par les vents d'outre-mer.

En 1812, Napoléon eut l'idée d'élever au milieu des flots une forteresse imposante entre l'île de Port-Cros et celle de Porquerolles, ainsi que d'établir des jetées parallèles pour fermer aux Anglais le grand passage qu'elles laissent. Le général du génie Lariboissière inspecta les lieux, des essais furent opérés; mais ce projet colossal était impossible à exécuter, à cause de la profondeur des eaux.

Les Liguriens et les Celto-Lygiens se disputèrent long-temps la possession des îles d'Hyères. Les Romains les habitèrent et les cultivèrent; puis elles servirent de colonie paisible à des Grecs, et de lieu de refuge aux Maures et aux barbares du nord. Le Christianisme y conduisit de pieux solitaires que les Sarrazins firent esclaves en 1198.

C'est à ces îles que vint échouer et que fut pris, par des navires de l'empereur Vespasien, ce fameux Valens qui, dans la Gaule Narbonnaise, s'emparant de la flotte de son maître, cherchait à fomenter l'Italie.

PRESQU'ILE.

La presqu'île de Giens fait aussi partie du territoire d'Hyères. Elle est située vers la partie sud-ouest de la ville, à une distance de deux lieues. Papon et Danville croient que ce lieu a été la station de Pomponiana, marquée sur l'Itinéraire d'Antonin. On y parvient par deux étroites chaussées d'une lieue de long. Celle du côté du levant est boisée jusque vers son milieu où est la maison des pêcheries, séjour du plaisir et de la joie; l'autre, au couchant, sablonneuse dans toute son étendue, sert pour le passage de la péninsule. L'intervalle des deux chaussées forme l'étang des pêcheries, affermé par la commune à M. Hébrard. Douze maisons composent le hameau relevé de la presqu'île de Giens; les ruines de l'ancien Château avoisinent ces habitations et n'offrent rien de remarquable, si ce n'est une superbe voûte très-bien conservée et un vieil écusson à armoirie féodale. A un quart de lieue du hameau se trouvent au nord-ouest les établissemens de la pêche du thon, dirigés par M. Delauris, et à la même distance, du côté du midi, la forteresse nommée *Tour-Fondue*, où l'on place les signaux d'ordre qui établissent les communications avec l'île de Porquerolles, à une lieue de là. Deux cents ames environ composent la population de la presqu'île, qui appartient à M. Fré-

déric Sieveking, syndic de la ville de Hambourg.
Mû par des principes d'humanité, ce propriétaire
a affranchi les habitans emphytéotes des redevan-
ces qui les appauvrissaient. M. Salomon exploite
le domaine de la presqu'île, en grande partie sema-
ble et complanté de vignes.

TERRITOIRE D'HYÈRES.

Le territoire d'Hyères au continent est immense,
il a une circonférence d'environ vingt-quatre lieues.
A l'exception de la partie appelée les Maures, en
bois et bruyères, située au nord-est de la ville et
qui a une étendue de quatre lieues, tout le reste
de ce superbe territoire est cultivé. Ses principales
productions en denrées sont le vin, l'huile, le foin
et les céréales, et en fruits, l'orange, la pêche, la
figue, etc. Il est borné au nord par les communes
de Cuers, de Pierre-Feu et de Collobrières; à l'est,
par celle de Bormes; au sud, par la mer, et à l'ouest,
par les territoires de la Garde, de la Farlède et de
Solliés-le-Pont.

RIVIÈRES ET TORRENS.

Deux rivières et plusieurs torrens arrosent une
bonne partie du territoire d'Hyères : la rivière de
Gapeau prend sa source à dix lieues dans le territoire de Signes, arrose ceux de Belgencier et de

Solliés, parcourt le territoire d'Hyères du nord au midi, et vient se jeter dans la mer, à peu de distance des salines. C'est cette rivière qui, du côté de l'ouest d'Hyères et à deux lieues de distance, fournit l'eau au canal des jardins. L'autre rivière, le Réal-Martin, part de la commune de Collobrières, entre sur le territoire d'Hyères au quartier dit de *Maupas*, au-dessous de Pierre-Feu, traverse et fertilise la vallée de Sauvebonne, et vient se réunir à Gapeau, à environ une lieue au nord-nord-est de la ville. Le torrent de Roubaud, à un quart de lieue d'Hyères, se forme au sud-ouest par les égouts du canal d'arrosage des jardins et par les eaux pluviales. Deux autres torrens existent aux confins Est du territoire; on les nomme Pansart et Malaveine.

Voici les hameaux et établissemens principaux qui se trouvent dans le territoire d'Hyères :

SALINES.

A l'est de la ville, à peu de distance de l'embouchure de Gapeau, sont les salines maritimes formant deux propriétés séparées par une grande chaussée. La plus vaste et la plus ancienne, celle du levant, est dirigée par MM. Laurent et Laure fils, d'Hyères; l'autre, qui ne date que de quelques années, par la maison de M. Gérard, négociant à Toulon. Jusqu'à huit cents ouvriers sont occupés dans ces établissemens qui ont une foule d'actionnaires. On se plaît à les visiter à l'époque de l'été où les parties salines se cristallisent. Les regards glissent, errent tantôt sur la surface blanche et unie des bassins, tantôt sur de grands tas de sel qui s'élèvent de distance en distance comme des monts couverts de neige. Malgré une chaleur ardente, l'imagination éblouie prend le change des saisons, en retrouvant autour d'elle la parfaite image des frimas. Les salines sont à une lieue d'Hyères; on y arrive par une très-belle route.

SAUVEBONNE.

La vallée de Sauvebonne, située au nord d'Hyères, à une lieue de distance, n'a point d'établissement curieux à visiter; mais on doit en faire mention comme d'une magnificence de l'industrie agricole. Il n'est guère possible de trouver ailleurs des plantations de vignes avec plus d'éclat, de régularité et d'étendue; des prairies, des vergers de pêchers et de noisetiers, des allées de mûriers avec plus de fraîcheur, de beauté et d'harmonie; des sites avec des accidens plus aimables et plus pittoresques. Ce n'est pas outrer les charmes de cette vallée que de la comparer, en réalité, à ces endroits imaginaires où les romanciers et les poètes placent, au milieu de la paix, de l'abondance et des trésors de la nature, le bonheur surhumain ou la félicité extatique; c'est le sentiment qu'elle suggère lorsqu'on la parcourt dans la belle saison. Une rivière, le Réal-Martin, traverse et féconde Sauvebonne que le village de Pierre-Feu domine au loin. MM. Frédéric et Aimé Rey, MM. Louis, Blaise et Jacques. Aurran sont les propriétaires de ce quartier fortuné.

CARQUERANNE.

Au sud-ouest, à une lieue d'Hyères, est le hameau de Carqueranne, composé de diverses métairies et des châteaux de MM. Despine et Delaveau. Ce lieu a environ trois cents habitans; des terres cultivées jusques aux bords de mer, des bois touffus, des habitations pittoresquement situées, des champs rians et animés à côté de sites sauvages, un air pur mêlé de tous les parfums aromatiques, et la présence de la mer, font de Carqueranne un endroit délicieux. Au nord-est du hameau on voit la montagne dite le *Pic-des-Oiseaux*, où l'on observe la lazulithe et le marbre blanc et rouge, tandis qu'à son couchant se trouve celle dite la *Colle-Noire*, dont le sommet élevé a servi de point désigné au géographe Cassini. On parvient à Carqueranne, soit par le chemin de la *Manarre*, en suivant le sentier de correspondance des douanes, longeant la côte, où l'on peut visiter en passant les ruines très-anciennes, très-curieuses du couvent d'Almanarrc, soit par le chemin dit des *Loubes*, que l'on prend à cinq minutes d'Hyères, sur celui de Toulon. Cette dernière route est la plus rapprochée et la plus ordinairement suivie.

LA CRAU.

Enfin, au nord-ouest d'Hyères, et à une lieue, est situé le village de la Crau, dont la population est de 1,500 ames. Les alentours de ce bourg sont charmans : on y retrouve le canal d'Hyères et la rivière de Gapeau sur laquelle on a construit un pont aussi agréable qu'utile. On y remarque une inscription dédiée à M. Denis, maire de la ville d'Hyères. La température de la Crau est différente de celle d'Hyères, et quoique une très-courte distance sépare ces deux endroits, les orangers ne peuvent prospérer dans le premier; malgré la perte de cet avantage, le domaine qui y est situé, appartenant à Mme. Aubert, de Marseille, n'en est pas moins beau, pas moins orgueilleux : parmi les plus riantes et les plus fraîches prairies, au milieu d'arbres de haute futaie, disposés tantôt en bosquets impénétrables et tantôt en allées superbes et majestueuses, près d'une rivière, de ce Gapeau créé pour embellir toutes les campagnes qu'il traverse, s'élève un magnifique château digne de la résidence des rois. Il domine une vaste étendue de terres cultivées, où semblent rouler tous les trésors de la végétation. On appelle ce domaine *la Castille*.

Au nord-est de la Crau et à demi-lieue, la propriété de M. de Boutiny, ancien maire, revendique ses droits à la beauté : elle n'a point les dehors gais et brillans de *la Castille*, non plus sa demeure somptueuse ; mais elle a les accidens heureux de sa situation, ses bois en amphithéâtre, ses prés solitaires que l'œil s'étonne de rencontrer, ses eaux que des peupliers et des maronniers gigantesques ombragent de toutes parts, ses énormes blocs de roches qui vont tomber et que cependant des siècles respectent dans leur miraculeuse immobilité, enfin son allée de plataniers qui n'a peut-être point de rivale et sous laquelle, en promenant, on répète volontiers ces vers de M. de Lamartine :

> Là jamais ne s'élève
> Bruit qui fasse penser ;
> Jusqu'à ce qu'il s'achève
> On peut mener son rêve
> Et le recommencer.

On parvient au hameau de la Crau par le grand chemin de Toulon, et en le quittant à un quart d'heure d'Hyères, pour prendre celui qui se présente à droite et qui forme un embranchement.

Hors de la ville d'Hyères, au midi de l'arcade du Portalet et à quelques pas de distance, se trouvent les deux moulins à farine mis en jeu par les eaux du canal d'arrosage. Leur banalité fut aliénée à l'occasion de l'entreprise du canal que Rodolphe de Liman acheva si heureusement. Le fermier de ces moulins, dont la propriété est à présent divisée, est M. Hébrard, négociant à Hyères.

Une superbe fabrique de soierie existe également *extrà muros*, à dix minutes de la porte de la Rade, sur le chemin de *la Burlière;* MM. Deloutte en sont les propriétaires.

Telles sont les indications indispensables aux étrangers pour connaître Hyères et son territoire. Comme c'est à eux que ce Guide est particulièrement destiné, il convient aussi de leur fournir des renseignemens sur l'exposition d'Hyères et son état de salubrité, sur les maisons à louer, sur le genre de plaisir que l'on doit y attendre, sur les promenades, les routes, les messageries, ainsi que sur tout autre objet d'utilité.

SITUATION TOPOGRAPHIQUE

D'HYÈRES

ET SON ÉTAT SANITAIRE.

———————

La ville d'Hyères s'élève en amphithéâtre sur le versant méridional d'une colline; elle est à environ vingt-cinq mètres au-dessus du niveau de la mer, et s'étend aujourd'hui du nord au sud-est à environ cinq cent mètres, de l'est à l'ouest à six cent. Sa latitude est de 43 degr. 6 min. 20 second.; sa longitude, de 23 degr. 47 min. 10 second. Le mont élevé de Château protège cette cité contre les vents du nord, connus sous le nom de *mistral*, tandis que des collines boisées, d'un fort joli aspect, sont groupées en demi-cercle du levant au couchant, et lui servent de barrière contre les vents qui viennent de ces deux points; de sorte que la ville n'est ouverte que sur son midi, où l'on découvre sa riche plaine, la mer et les îles. Les montagnes voisines de Toulon , de Fenouillet, des Maures et de Carqueranne, sont autant d'auxiliaires qui préservent Hyères de la rigueur des frimas. Avec une telle exposition on peut dire que la ville est en hiver comme une véritable serre pour les santés délicates. Cette vérité se vérifie quand de la route de Toulon, où l'on peut se trouver par un mauvais temps, on approche d'Hyères; la transition est tellement sensible, que l'on croit arriver sous un autre hémisphère : les vents y ont perdu leur furie, et l'air y est puissamment adouci. Aussi l'état habituel du thermomètre en hiver est depuis 10 degrés au-dessus de glace jusqu'à un au-dessous. Souvent même il s'élève en plein air, dans les beaux jours, jusqu'à 14 et 15 degrés.

Il est généralement reconnu que la température d'Hyères est un peu moins froide en hiver que celle de Nice, surtout le soir et le matin; et que les vents et l'humidité exercent dans cette dernière ville une influence beaucoup plus désagréable qu'à Hyères. La cause en est attribuée à la seule position topographique des deux cités : Nice a le voisinage des Alpes, elle est en plaine et aux bords de la mer; un torrent la traverse. Hyères est élevée et entourée de collines; ses rues sont en pente, et la distance qui la sépare de la mer est d'une lieue. En été comme en hiver l'air y est sain, il acquiert même une propriété agréable et peu commune en passant sur toutes les collines et à travers tous les végétaux qui peuplent son terroir. A ce sujet, les habitans de la ville d'Hyères doivent de la reconnaissance à M. Divernois, ancien conseiller d'état à Genève, qui, à force de travaux et d'argent, est parvenu à convertir en terres riantes et productives les marais qui usurpaient les bas-fonds de la plaine d'Hyères. Ce bienfait, depuis si long-temps attendu, a paralysé entièrement l'incommodité des fièvres qui, en été, inquiétaient bon nombre d'habitans.

Les personnes malades, surtout celles qui sont atteintes ou menacées d'affections nerveuses et poitrinaires, de la goutte, de l'asthme et de rhumatisme, ne peuvent manquer de trouver à Hyères mieux qu'à Nice le plus grand soulagement. Telle est l'opinion de M. Fodéré, professeur de médecine à la faculté de Montpellier, dans la relation de son voyage aux Alpes Maritimes; telle est celle que M. Landrey-Beauvais, doyen de la faculté de Paris, a manifesté en choisissant Hyères pour son séjour d'hiver. Pendant six ans ce séjour a été en quelque sorte pour M. Auguste de Talleyrand un brevet de vie. Son éloignement d'Hyères pendant l'hiver de 1832 n'a pas peu contribué à sa mort.

Chaque année une foule de valétudinaires se rétablissent parfaitement, mais le bienfait serait plus grand si les malades ne venaient généralement trop tard chercher la température douce et embaumée qui règne à Hyères.

MAISONS MEUBLÉES

A LOUER AUX ÉTRANGERS,

AU FAUBOURG, QUARTIER DES RÉCOLLETS.

1° A l'entrée du faubourg, sur la place des Récollets, l'établissement de M. Mazaudier, ingénieur
de la marine. Ce local est vaste et agréable, les
appartemens sont tous exposés au midi et donnent
sur les jardins. Un heureux accident de terrain
rend la maison d'autant plus commode que l'on
peut arriver à plain-pied aux premier et second
étages. Elle peut loger avec aisance et facilité jusqu'à dix familles. Un parterre spacieux, un jardin
d'orangers, des remises pour voitures et chevaux,
etc., dépendent de cette maison, où l'on est à la
fois à la ville et à la campagne. Le concours des
locataires y fournit toujours une société choisie.

2° Autre maison, sur la même place, ayant trois
étages et cinq fenêtres de façade, visant au midi,

sur les jardins, avec grand balcon au premier étage et une terrasse au second. Il y a une vaste remise pour les voitures et chevaux. Cette maison est très-estimable sous le rapport de son site, de son élégance et de sa division intérieure; elle appartient à M. Arnaud, premier adjoint à la mairie.

3° Autres maisons contiguës, même quartier, composées de deux et de trois étages visant sur la campagne, d'une terrasse avec petit jardin longeant le canal des moulins, appartenant à M. Alphonse de Beauregard.

4° Autre à deux étages fesant le coin et donnant du côté du midi sur les jardins.

5° Autre petite maison contiguë à la précédente et ayant la même exposition. Elle est destinée à une seule famille. Ces deux immeubles sont possédés par M. David de Beauregard.

6° Maison à deux étages, close par un jardin d'orangers, prenant son entrée à cinq minutes de la place des Récollets, à la ruelle qui la termine du côté de l'est. Mme. Garagnon, propriétaire.

7° Autre à trois étages, bains, remise, etc., également close par un jardin d'orangers surnommé des *Dames*. Le portail qui y conduit est situé vis-à-vis de la première porte de la ville, appelée Fenouillet. M. Phitily, chef d'escadron de gendarmerie à Marseille, propriétaire.

MAISONS ÉGALEMENT MEUBLÉES

AU BAS DE LA VILLE.

8° Celle située rue de Liman, appartenant à M. Frédéric de Gaillard, composée de deux étages et de cinq fenêtres de façade, visant au midi sur les jardins, ayant deux portes d'entrée, l'une donnant à l'intérieur de la ville, l'autre à l'extérieur.

9° Vis-à-vis, autre maison, close par un jardin d'orangers, appartenant au même propriétaire.

10° Maison de M. de Mauspey, sise à peu de distance de l'arcade du Portalet, composée de deux étages, avec jardin d'orangers.

11° Autre, rue des Porches, ayant deux étages, visant au midi, ayant jardin. M. Antoine Laure fils, propriétaire.

SUR LA PLACE ROYALE.

12° Maison de M. Aimé Rey, élevée de trois étages, avec parterre, remise, etc., etc., fesant le coin, visant au midi sur la campagne et les jardins. Sa situation, sa division intérieure et son élégance en font un séjour recommandable.

13º Autre, des hoirs Melin, à deux étages, avec parterre, visant au couchant sur la place.

14º Maison de Mme. veuve de Boutiny, aussi à deux étages, avec parterre et remise. Même exposition.

15º Autre maison visant au levant, sur la place, composée de trois étages, avec une très-belle terrasse dominant la campagne d'Hyères, et remise. M. Curel, ébéniste, propriétaire.

EXTRA MUROS, A L'EST.

16º Maison de M. Luigi Arène, sise sur la route du *Bon-Puits*, à cinq minutes de la ville, ayant deux étages et jardin d'orangers.

17º Château des hoirs Filhe, vendu depuis peu de temps à M. Farnoux, place de la Rade.

18º Château de M. Casimir Valeran, à dix minutes de la ville, du côté de l'ouest. A cinq minutes de là, sur la grande route de Toulon, maison de campagne de M. Senès.

A CARQUERANNE.

19º Château de M. Despine, avec maison pour prendre les bains de mer.

20º Maison de plaisance de M. Peillon, quartier de la Boutiny, en vue de la mer.

Toutes ces habitations, que l'on peut louer partiellement, sont affectées au logement des étran-

3

gers pendant leur séjour d'hiver à Hyères, et comme elles appartiennent à des personnes aisées, elles sont en général toutes élégantes et fraîchement décorées.

Il est en outre dans l'intérieur de la ville des logemens plus médiocres.

HOTELS.

Les deux hôtels sont situés au faubourg d'Hyères, quartier des Récollets : l'un, sous la dénomination d'*Hôtel d'Europe*, est tenu par Mme. Barthélemy ; l'autre, sous celle d'*Hôtel des Ambassadeurs*, par M. Félix Suzanne. Ils sont également spacieux, très-propres, très-élégans ; l'on y est très-bien servi.

A L'ILE PORQUEROLLES.

Hôtel de M. Thollon, avec jardin d'agrément, prend pensionnaire et donne des logemens garnis.

AGRÉMENS ET PROMENADES.

———

HYÈRES n'offre aux étrangers qu'une faible part des plaisirs que l'on trouve ordinairement dans les cités qui ont ses revenus et sa population. Les réunions y sont peu nombreuses quoique bien composées, et l'on y est privé d'une salle de spectacle; cela s'explique par le genre d'occupations qui appelle presque toute l'année à la campagne la plupart de ses habitans. Elle ne peut donc point approcher à cet égard de la ville animée et commerciale de Nice. Mais, qu'importent aux étrangers le faste des cités, leurs bals et leurs concerts, lorsqu'un grand nombre d'entre eux viennent de quitter des capitales qui les ennuient de leurs bruits? En effet, des artistes célèbres, des dignitaires, des hommes de sciences, des négocians à hautes fortunes, tous fatigués de leurs longs travaux dans le monde, enfin des malades et des valétudinaires, sont loin de vouloir rechercher les plaisirs des cités : une température douce, des promenades

tranquilles, des sites pittoresques, des logemens
agréables, des soins et une nourriture saine, des
distractions toutes champêtres, une partie paisible de chasse ou de pêche, une course sur mer,
voilà ce qu'ils veulent trouver dans les pays méri-
dionaux qu'ils choisissent en hiver, soit pour s'y
reposer, soit pour y améliorer leur santé. Sur ce
point, Hyères agricole, Hyères solitaire a tous les
avantages de la ville de Nice; et le genre de vie
plus tranquille, plus rustique que l'on mène dans
la première est préférable aux représentations de
la seconde. D'ailleurs, Toulon, cette ville popu-
leuse et riante, offre par sa proximité un change
aux voyageurs qui veulent quelquefois du mouvement et des réunions plus éclatantes et plus mul-
tipliées qu'à Hyères. Mais quelques cercles privés,
des cavalcades à modestes montures pour courir
dans la campagne ou monter sur les collines, un
repas aux bords de mer ou sur le gazon d'une vallée détournée, sont ordinairement les plaisirs simples qui constituent le plus grand bonheur des
étrangers; et à Hyères, que d'endroits charmans
pour ces divertissemens salutaires! Au sud de la
ville, dans l'espace d'une lieue, la maison des Pes-
quiers, les sites maritimes de Saint-Salvadour, du
Canebas et de Carqueranne, les collines agrestes
de l'Hermitage et la grotte de stalactites qui en est
voisine, enfin les alentours magiques de la Boutiny
leur offrent des poses délicieuses. Tandis qu'au

nord-est, et à demi-heure, les bords enchantés de
Gapeau, les métairies de l'Oratoire et de la Grand'-
Bastide sont pour eux non point de ces promenades artistes et monotones, où, comme le dit
Dupaty, chaque plate-bande n'offre qu'une fleur,
chaque allée qu'un arbre, chaque espace qu'un
grand chemin, et qui ne sont faites que pour un
regard, une centaine de pas et une heure; mais
des promenades variées où à tous les momens l'œil
et l'imagination se ravissent de concert, et qu'on
ne peut parcourir sans se promettre d'y retourner
cent fois; ici, pour revoir les eaux de Gapeau qui
passent tantôt sous la protection d'arbres antiques
rangés en ligne sur leurs bords, tantôt sous l'abri
d'arbustes qui se courbent au-dessus de leur lit
pour y former en été des arcades et des berceaux
gracieux; là, pour ne pas oublier la construction
bizarre et hasardée de la maison de l'Oratoire qui
semble s'élancer au milieu de touffes de pins et de
chênes; plus loin, pour se ressouvenir des endroits
alpestres et rocailleux où la chèvre légère broute
et bondit sans crainte; de tant de paturages, de tant
de troupeaux qui depuis l'Oratoire jusqu'au Plan du
Pont animent l'œil, inspirent la joie et le contentement; enfin, pour retrouver l'image charmante de
ces essaims de blanches tourterelles qui s'envolent
çà et là sur de vertes prairies, de ces pins séculaires
dont les attitudes et les formes sont dignes d'être
copiées, de toutes ces plantations diverses, de tou-

tes ces allées qui se croisent et se rencontrent ; en un mot, de toutes les beautés champêtres qui se présentent avec une espèce de volupté à la Grand'-Bastide de M. de Beauregard et à ses environs. Aussi, dans les beaux jours, tous ces endroits, toutes ces promenades sont fréquentés par la plupart des étrangers, et la satisfaction qui les y accompagne si souvent, fait fleurir leur santé, premier bien qu'ils envient.

Pendant les jours que le froid ou les vents attristent, des promenades beaucoup plus rapprochées d'Hyères offrent des abris uniques : ainsi, dans le vallon dit de *Paradis*, une température d'été s'y fait ressentir au milieu de janvier. Il est environné de collines peuplées jusque sur leurs croupes par des bouquets d'oliviers, et le sentier tracé sur le roc que l'on y rencontre, atteste encore les courses en palanquin qu'y fesait très-souvent la princesse Pauline. Ce vallon, toutefois un peu mélancolique, est situé immédiatement après les dernières maisons du côté est de la ville.

Celui dit de *la Ritouarte* a quelque chose de plus riant ; l'on y suit le cours d'un ruisseau qui descend des montagnes, et l'on aime à s'égarer avec lui sous l'influence d'un calme bienfesant et salutaire. Cette vallée est également du côté de l'est à cinq minutes de la ville.

On peut citer aussi la grande promenade de la Burlière, ornée d'arbres et de bouquets de lauroses, située à l'extrémité est de la ville, dans la direction du nord au midi.

Enfin le quartier de Maurel à l'ouest d'Hyères. En désignant cet endroit on doit parler de tout ce qu'on éprouve de tendre et d'affectueux pour les alentours rians des maisons de campagne des dames Figanières et du général Buchet : un petit sentier en forme toute la promenade ; mais que d'objets pour vous y distraire ! Des saules, des noyers, d'allées d'aubépines et de grenadiers, des gazons toujours verdoyans ; ici, une eau qui murmure ; là, un champ de blé qui s'agite ; à côté, l'oranger qui s'élève et fait briller son fruit ou ses fleurs ; à gauche, à droite, des prairies, des plantes potagères, des fraisiers, des vergers de tous les genres, et le tout dans un espace assez circonscrit pour que les regards puissent voir tout à la fois. Que cette retraite est aimable et paisible !...

On arrive à Maurel par la promenade dite des *Lauves*, où l'on observe avec plaisir les signes allégoriques qui ornent le charmant pavillon de M. le chevalier de Boutiny, ancien officier supérieur de la marine, si obligeant pour les étrangers.

Ce quartier de Maurel est abrité par la montagne de Fenouillet, dont le sommet élevé mérite d'être visité par le superbe coup d'œil qu'il offre. Son accès n'est pas très-pénible en prenant le sentier qui du château d'Hyères longe la crête des collines qui vont y aboutir.

Les voitures publiques qui se rencontrent chaque jour sur la grande route, ont donné lieu à un
genre de promenade tout particulier et que beaucoup d'étrangers adoptent, les uns, pour leur santé,
les autres, par distraction : le matin ou le soir ils
embarquent dans les diligences qui partent d'Hyères, où ils retournent, en prenant à l'endroit de la
rencontre celles qui sont parties de Toulon. Indé-
pendamment de leur but d'agrément, ces communications journalières sont d'une grande utilité
pour l'achat de divers objets de ménage et de luxe
qui ne se trouveraient point à Hyères.

ROUTES ET MESSAGERIES.

De Toulon à Hyères, grande route royale d'une étendue de quatre lieues, commençant à la porte d'Italie, à Toulon, dans la direction du nord-est, traversant, à une lieue, le village de la Valette, et rencontrant à demi-lieue de là, sur la gauche, l'embranchement de la route d'Italie par Cuers, etc. Elle est très-bien entretenue et surtout très-gaie par les belles campagnes qui l'environnent. La partie dite *la Pièce de Toile* est d'une rectitude qui charme l'œil; on la doit au séjour de la princesse Pauline à Hyères. La grande route vient traverser ensuite le bas de cette ville et passe sur la rivière de Gapeau, à demi-heure. Là, immédiatement après le pont, elle offre, sous la dénomination de route départementale, deux issues opposées : l'une se dirige au nord, et l'autre à l'est. Celle du nord traverse Sauvebonne, cette vallée admirable et délicieuse où le voyageur voudrait s'arrêter à chaque pas, mène au village relevé de Pierre-Feu, et de là vient joindre la grande route d'Italie par Cuers, à trois heures de distance d'Hyères. La seconde issue conduit aux salines. Ce point est celui que doit venir joindre la superbe route de Saint-Tropez à Toulon ; on en hâte la confection, et bientôt les étrangers pourront, en passant à cette nouvelle route, atteindre par le Luc celle d'Italie, en franchissant un détour de six lieues.

Deux diligences, appartenant à M. CAMOIN, partent tous les jours d'Hyères à Toulon, à six heures précises du matin. Elles retournent à trois heures après midi, et sont rendues à Hyères vers les cinq heures. Les bureaux d'inscription aux places sont situés à Hyères, rue Fenouillet, chez M. Camoin, et à Toulon, chez M. Piffard, place d'Italie.

Le prix des places est fixé pour l'aller et le retour,

SAVOIR :

Coupé.....................	2 fr. 50 c.
Intérieur..............	2
Dernière berline........	1 50

Les deux autres diligences appartiennent, l'une à M. VALLON, l'autre à Mme. Veuve AVON ; elles partent également tous les jours de Toulon, à sept heures du matin, pour arriver à Hyères à neuf heures. Leur retour à Toulon a lieu à trois heures d'après-midi, elles y arrivent à 5 heures.

Les bureaux des places, pour la diligence Vallon, sont à Hyères, chez Mme. Barthélemy, Hôtel d'Eu-

rope, et à Toulon, chez M. Vallon, place au Foin.
Ceux de la diligence Avon, chez M. Félix Suzanne,
Hôtel des Ambassadeurs, à Hyères, et chez Mme.
Veuve Avon, place au Foin, à Toulon.

Prix, aller et retour.

Coupé................ 2 fr 70 c.
Intérieur............. 2   20
Dernière berline....... 1   70

Il existe en outre trois messageries pour le trans-
port de diverses marchandises, elles sont tenues
par MM. Garnier, Rimbaud et Brunet, d'Hyères.

BATEAUX DE SERVICE DES ILES.

Celui de Port-Cros arrive aux salines le jeudi de
chaque semaine, et part le lendemain, à midi ;
Et celui de Porquerolles vient les lundi, mer-
credi et samedi aussi de chaque semaine, à la *Tour-
Fondue*, située à la presqu'île de Giens, vers les
six heures du matin; il retourne les mêmes jours, à
trois heures.

NOTAIRES.

MM. Meissonnier, place Massillon.
Baude, rue Cheval-Blanc.
Mille fils,   *idem.*

DOCTEURS MÉDECINS.

MM. BATAILLE, rue Rabaton.
ALLÈGRE, place Royale, maison Curel.
BRUNEL cadet, rue Massillon.
GUILLEMINET, rue du Temple.
HONORATY, place Royale, maison Pons.
NEGRIN, officier de santé, rue Massillon.
MEISSONNIER cadet, *idem*, au hameau de la
Crau.

PHARMACIENS.

MM. CARRASSAN, place Massillon.
MANGE, *Idem.*
DURAND fils, rue Massillon.

ARTISTE VÉTÉRINAIRE.

M. GARCIN, à la place de la Rade.

JARDINIER FLEURISTE.

M. Victor RANTONNET, correspondant de plusieurs
sociétés d'horticulture, au Jardin Filhe, place de
la Rade. Il vend toute sorte de végétaux exotiques
et indigènes, fait des envois dans les départemens
et à l'étranger, et tient des collections de graines
étiquetées de leur vrai nom botanique.

MAITRE DE MUSIQUE.

M. Reboul père, rue Cheval-Blanc.

MAITRE DE DANSE.

M. Caval cadet, rue-traverse Cheval-Blanc.

PROFESSEUR DE DESSIN.

M. Basset, rue Massillon.

PROFESSEURS DE GRAMMAIRE FRANÇAISE.

MM. Girard et Roux, donnant leçons en ville.

PROFESSEUR DE LATINITÉ.

M. Terrin, rue de l'Oratoire.

PROFESSEUR D'ITALIEN.

M. Santi.

CABINET LITTÉRAIRE.

M. Reynier, place de la Rade.

Il fait la Reliure et tient tous les articles de bureaux.

POSTE.

M. MAURISIER fils, directeur au bureau d'Hyères.

La distribution journalière a lieu à 8 heures du matin pour le courrier arrivant; à midi, on lève la dernière boîte pour le courrier partant.

Le bureau situé à la rue Massillon sera incessamment transféré à celle du Cheval-Blanc.

TABLEAUX,
DESCRIPTIONS ET VARIÉTÉS
CHAMPÊTRES.

PANORAMA

DES

ENVIRONS D'HYÈRES,

PRIS

DES RUINES DE L'ANCIEN CHATEAU.

———◦◦◦———

On arrive au Château, et de là Hyères ne se
dessine plus élevée gracieusement en amphithéâtre
sur le penchant d'une colline; à cette hauteur, au
contraire, on la voit modestement soumise au pied
de ses rochers et de ses ruines. Les regards la
mesurent, et l'imagination rêve à Massillon..... On
visite cependant autour de soi quelques vieilles
tours, des escaliers détournés, d'épaisses et fortes
murailles, des voûtes et des remparts à moitié
debout, seuls restes d'un manoir jadis puissant

4

et orgueilleux. L'existence oubliée de ces baron-
nies, de ces fiefs qui tenaient en servage la puissance de nos anciens rois, les siéges et les combats
surannés avec l'arc et les flêches, les insignes du
blason, monument de vanité du moyen-âge, enfin
les noms perdus de seigneur et de vassal, sont
autant de souvenirs historiques qui vous y suivent
et qui vous y amusent idéalement. Mais on se
sépare bientôt de ces pensées fugitives, pour s'ex-
tasier, sous l'influence d'un beau jour, à la vue d'un
paysage à la fois le plus vaste et le plus varié, le plus
beau et le plus séduisant : au nord, c'est un nombre prodigieux de montagnes qui se dessinent, se
succèdent à la vue comme ces vagues formidables
d'une mer courroucée, elles s'étendent à un espace
immense jusque vers les côtes de l'Italie. Pendant
l'hiver on distingue dans le lointain des monts
couronnés de neiges étincelantes; on compare
cette image des frimas au printemps éternel qui
environne Hyères, et le voyageur surpris en res-
sent la plus vive joie. On erre long-temps parmi
toutes ces montagnes, et l'imagination recueillie
se plaît à en étudier les formes superbes et mena-
çantes : les unes, revêtues d'un manteau verdoyant,
montent et descendent du mouvement le plus doux
à l'œil; celles-ci, formées de rocs raboteux, s'élèvent
hardiment en pointe; ces autres, d'un volume
gigantesque, décrivent de vastes flancs sillonnés
par la charrue et percés de diverses plantations.

Cet aspect est à la fois imposant et religieux ; et quand par un beau jour, au moment où le soleil se lève, on vient revoir ces monts couronnés des prémices de sa lumière et les vallons qui sont à leurs pieds encore ensevelis dans l'ombre, respirer cet air de vie qui s'échappe de toutes parts, entendre le chant de l'oiseau sauvage, suivre les échos que battent déjà les coups redoublés du bûcheron, écouter le bêlement et les sonnettes des troupeaux, enfin opposer à ces bruits le silence expressif de la solitude, l'ame éprouve on ne sait quel doux mélange de gravité et de mélancolie qui la charme, la séduit et l'entraîne.

Cependant, du côté du couchant et dans la direction de Toulon, un change aimable et attrayant attire les regards avec une volupté nouvelle : c'est une surface très-prolongée, couverte de vergers innombrables d'oliviers, d'une multitude de champs florissant des plus belles semences, des plus riches plantations, animée de toutes parts d'une foule de chaumières et de châteaux, et au centre par un village qui paraît comme un dôme au milieu de la plaine; enfin, environnée à gauche par les riantes collines de Carqueranne, qui cachent la délicieuse vallée de ce nom, et celles des environs de la Garde; à droite par le mont Fenouillet, au sommet duquel naît mystérieusement une source d'eau, et les hautes montagnes de Toulon, parmi lesquelles se montre avec majesté et comme un géant de la

terre, celle qui, la première et à vingt lieues en
mer, fait palpiter de joie l'impatient navigateur. Ces
montagnes, ces collines offrent la plus aimable
variété : des vallons qui se jouent sympathique-
ment autour, qui séparent, percent ou grimpent
leur sein, des coteaux chargés des cultures de
l'art, ou simplement parés des mains de la nature,
enfin un grand nombre de sites qui peignent à
l'œil le paysage le plus gai et le plus champêtre.
La rade de Toulon que l'on voit par une échappée,
plus loin un nouveau rivage, puis de nouvelles
collines sous un autre horizon, dévident pour ainsi
dire la curiosité des yeux et achèvent de donner à
ce point de vue tout l'intérêt d'un beau qui dis-
trait, amuse et réjouit l'imagination.

Après avoir embrassé les tours immenses de ce
bassin et touché aux limites de toute son étendue,
les regards reviennent doucement vers la plaine;
ils aiment à suivre le cours d'un canal précieux
qui, passant en labyrinthe à travers une campagne
magnifique, lui fait le don de la fertilité, de la
réunion des cultures et du mélange des couleurs.
Honneur à celui qui, le premier, tenta cette belle et
utile entreprise! La reconnaissance des habitans
d'Hyères aurait dû éterniser son souvenir, comme
il a éternisé la verdure et la fécondité de leur sol!...
Ce canal, qui parcourt un espace de plusieurs
lieues, que l'on voit serpenter dans les bas-fonds,
se montre par une heureuse métamorphose dans

l'enceinte même d'Hyères, et de là il distribue
l'abondance et la richesse de ses eaux dans des
jardins qu'on ne peut se lasser d'admirer. C'est du
côté sud que le territoire d'Hyères devient amoureusement enchanteur, qu'il déploie l'harmonie de
toutes les productions agricoles, et qu'il est à la
fois riche, varié, fleuri dans toute son étendue.
Qu'on se figure un bassin d'un tour d'environ dix
lieues, borné au levant par un cap qui avance
dans la mer, et au couchant par les plus jolies
collines, sur lequel la moindre partie de terrain est
soumise aux lois de la culture ou aux règles de
l'utilité, et où, depuis la plus médiocre jusqu'à la
plus brillante plantation, tout rivalise de fraîcheur
et de fécondité. Qu'on s'imagine y voir une étendue considérable de bois d'orangers où s'étale
avec profusion une belle et constante verdure, des
maisons de plaisance agréablement situées, des
métairies, des cabanes rustiques disséminées çà
et là; un fleuve dont les bords enchantés sont
peuplés de robiniers, de cyprès-chauves, d'ormes,
de frênes et d'arbustes les plus rians, un grand
nombre de terres labourables qui chaque année
reçoivent de cet autre Nil le limon de la fertilité;
des prairies de toutes les dimensions, du vert de
toutes les nuances, sombre, clair, tendre et pro-
noncé; des arbres de tous les fruits et de tous les
feuillages, entre autres le grenadier, le figuier, le
pêcher, l'olivier, l'amandier, le cerisier; des torrens,

des ruisseaux qui coulent, tombent en cascades
à travers de superbes vergers, roulent ou s'aban-
donnent en nappe, tantôt sur des champs de fraisiers, tantôt sur des plants potagers d'une variété
charmante; des sentiers, des murs qui traçant un
millier de sinuosités, traversent et séparent un
millier d'héritages. Sur les bords de cette plaine
magnifique l'on voit de nombreux établissemens
richement dotés par les eaux de la mer et la chaleur du climat. Là, l'industrieuse main de l'homme
convertit des terrains vagues et marécageux en une
infinité de bassins que l'œil aperçoit, et dans lesquels l'eau marine qu'on y introduit s'épaissit, se
cristallise par l'action des vents et du soleil, et offre
ensuite un utile et heureux tribut. Tous les points
rouges que l'on distingue en forme de pyramides
sont autant de magasins de sel dont la bonté et
la blancheur attirent au chargement des navires
de toutes les nations.

Séparées du continent par un caprice de la
nature, on se plaît aussi à voir ces portions de
terre surnommées les Iles d'Or; placées en rideau
sur la plaine liquide, elles sont le guide et l'asile
du craintif nautonnier; on en distingue les monts,
les forteresses et les habitations, quelquefois des
colonnes de fumée partent de leurs rivages et indiquent au spectateur la position des fabriques où
l'on combine les divers minéraux. Ces îles charmantes, qui embellissent tant le coup d'œil, jouis-

saient jadis des avantages et de la fertilité qui font fleurir la métropole. Une ancienne tour qui a conservé le nom de Titan, les aqueducs, les restes de culture, les débris d'anciens monumens que l'on rencontre dans l'intérieur des terres ; les monnaies des empereurs Adrien et Trajan que le hasard et le temps y ont fait découvrir, annoncent l'ancien état de splendeur que les Romains leur avaient sans doute communiqué. C'est dans la direction de l'une de ces îles, mais au moment où vient d'éclore un jour serein, qu'à l'aide du télescope on peut apercevoir cette terre à jamais fameuse par le nom qu'elle enfanta ; et quoiqu'elle ne se montre à l'œil que comme une vapeur condensée dans le lointain des mers, l'imagination se complaît quelques momens à rêver sur le vainqueur d'Arcole et le fugitif de Moscou, sur le génie qui eut autour de lui une cour de rois, et dont l'élévation, la gloire et la puissance, la chute, les revers et la mort traverseront les siècles comme un monument de souvenirs éternels.

Mais rien ne doit manquer au tableau du terroir d'Hyères pour flatter à la fois la pensée et les regards du spectateur. A sa droite, de nouveaux objets de curiosité s'offrent à lui : c'est la presqu'île de Giens que dominent le château et la hameau de ce nom, un étang dont les eaux toujours en paix font un contraste frappant avec le mouvement, le murmure et quelquefois la fureur de celles qui l'entourent ;

enfin, un isthme que la mer oublia d'engloutir
dans ses flots pour laisser à l'industrie une portion
de ses richesses.

Un dernier trait de beauté vient souvent s'ajouter
à l'ensemble du tableau : tandis que l'on parcourt
idéalement l'immensité de la plaine d'Hyères, que
l'on réfléchit sur la nature qui donna tout et sur
l'art qui embellit tout, la merveille du génie de
l'homme, des navires, habiles messagers d'un commerce lointain, traversent fièrement la redoutable
mer ; les yeux suivent leur route qu'ils sillonnent
avec la vélocité de l'aigle ; rien n'intercepte leur
marche noble, impétueuse, et leurs voiles blanchies gonflent et jouent avec éclat sur des flots d'un
bleu azuré.

A la réunion de tant d'objets divers, à l'aspect
de tant d'images fugitives, le spectateur passe du
plaisir au ravissement, et si quelquefois des villes
opulentes, des monumens orgueilleux flattèrent ses
goûts et son admiration, cet incomparable tableau
transporte ses sens et l'enivre d'une félicité suprê-
me. Peintres habiles qui consacrez vos travaux à des
objets moins dignes d'admiration, abandonnez les
cadres où vous peignez les amours, les combats;
gardez les couleurs les plus vives et la touche la
plus délicate de vos pinceaux pour venir retracer
sur un original éloquent les beautés parfaites de la
nature : ces montagnes superbes, les lignes et les
lointains qu'elles offrent, le clair qu'elles retien-

nent, les ombres qu'elles projettent; les masses,
les grottes, les bois, les rochers qui en font la
majesté; ces collines peuplées de pins, de chênes,
d'une situation si charmante, et ces nuages d'une
ouate fine qui cheminent quelquefois sur leurs
crêtes vers le milieu du jour, ou qui, le matin ou
le soir, s'étendent en banderoles à travers leurs
flancs qu'ils blanchissent; ces coteaux que le fer
du cultivateur a rendu si heureusement champêtres, et où parmi la culture graduelle des grains et
de la vigne viennent par le plus gracieux contraste
s'entrelacer le pin à large chevelure, le précieux
olivier, le riant amandier; ces vallons qui fuient à
travers des monts protecteurs, leurs chaumières
errantes et leurs arbres antiques, leurs torrens,
leur pelouse et leurs troupeaux; ces plaines immenses brillantes de tous les dons, de toutes les paru-
res, et où viennent se confondre les couleurs les
plus vives, les plus fraîches, les plus animées des
champs; puis cette mer aventureuse dont les flots
sont si gracieux quand ils ne sont point déchaînés
par la tempête, et ses rivages argentés par les
vagues écumantes; ces îles qui, au commencement
ou à la chute du jour, paraissent s'avancer et se
polir à travers la surface des eaux, luire et reculer
dans un lointain horizon, par les effets merveilleux d'une lumière qui naît ou d'un rayon qui
s'éteint; enfin, ce beau ciel qui donne tant de beaux
jours, et qui couvre et réjouit toutes ces scènes!...

Mais, adieu, antique manoir d'Hyères. Que de fois il faudrait revenir sur tes débris mousseux pour peindre une nature dont tu fais voir la plus belle, la plus douce, la plus sublime image!!...

LES JARDINS

A

HYÈRES.

Riches des plus beaux végétaux, toujours ornés
d'un luxe de verdure, chéris des fruits, des fleurs
et des parfums, souvent parés avec pompe et jamais
dépouillés de leurs graces, enfin ne comptant le
terme de chaque saison que par des embellissemens
variés et successifs, les jardins d'Hyères font l'orgueil de la nature et le triomphe de l'art.

Arrivé des régions hyperborées, l'étranger sent
croître en lui le germe d'une nouvelle existence en
promenant sa surprise et son bonheur dans ces
jardins fortunés. Les pluies et les vents de l'au-

tomne, les froids et les neiges de l'hiver en respectent la brillante parure; au lieu de rencontrer des plantes et des fleurs anéanties, des arbres dépouillés, des prairies d'un jaune fané, des ruisseaux arrêtés par les glaces, enfin ce voile triste et morne qui couvre la campagne à l'époque de son deuil, il trouve les charmes et l'appareil riant d'une continuelle végétation : la cassie et l'œillet, la rose et la violette lui offrent le bouquet d'un nouveau printemps; les productions potagères, belles, fraiches et variées à l'infini animent et charment sa vue; les eaux qui l'entourent ne le font point frissonner, et la pelouse qu'elles arrosent s'en égaie et s'en reverdit...; des vergers d'arbrisseaux vêtus d'un feuillage de lauriers apparaissent à ses yeux avec l'éclat de la magnificence, tandis que le chant des oiseaux et l'influence d'un ciel doux et serein lui rappellent les plus beaux jours de l'année.

C'est surtout dans les Jardins Filhe et Beauregard que l'on oublie la saison des frimas dans les charmes d'une curiosité touchante: disposés avec ordre sur un terrain uniforme, percés d'avenues qui fuient dans le lointain, et vont s'égarer de bosquets en bosquets, couverts des plus beaux fruits et de la plus belle verdure, superbes aux regards, imposans à l'imagination, des bois d'orangers s'y montrent de toutes parts et frappent d'admiration celui qui pour la première fois en contemple le noble et majestueux aspect. On se hâte d'en visiter

les beautés détaillées, et en s'enfonçant dans leurs
vertes allées, ces arbres précieux procurent le plus
aimable délassement : les uns plient sous des touffes d'oranges d'un rouge éclatant que l'œil et la
main voudraient nombrer; d'autres, par un heureux arrangement du branchage, sont disposés en
bouquets sphériques, les feuilles et les fruits y
sont placés avec le plus bel art, comme si la nature en était quelquefois susceptible; ceux-ci, de
forme pyramidale, élèvent leurs cimes orgueil-
leuses et laissent tomber en contours et en festons
gracieux leurs pommes mignonettes; ceux-là sont
encore couverts de la robe neigée des fleurs; on
est tenté d'y porter une main indiscrète; l'encens
qui s'en exhale flatte tous les organes de la vie!
On y voit aussi des arbustes dont les productions
écloses offrent à l'odorat un don aussi pur et plus
durable : c'est un fruit d'une belle espèce qui a été
privé de saveur, mais dont la qualité odoriférante
ne meurt jamais. Que le boudoir, que la toilette
des graces s'ouvrent pour recevoir la délicieuse
bergamote, sa suavité embaume long-temps tout
ce qui l'approche. On remarque avec plaisir la
structure à la fois bizarre et charmante des biga-
rades; aux unes c'est un bas-relief qui décore la
base de la pomme, aux autres c'est un genre de
chapiteau qui couronne la sommité; il en est de
forme cannelée qui ne sont pas sans graces,
d'autres enfin où l'œil se plaît à chercher le sin-

gulier dessin de leur conformité et à jouer parmi les figures incertaines qu'elles représentent. Modeste en sa formation, mais élégamment tourné dans toutes ses parties, on ne dédaigne point d'abaisser les regards sur l'oranger nain : qu'il est bien proportionné dans son pied et dans ses branches, dans ses feuilles et dans ses fruits! qu'il est délicat! c'est le bijou de sa famille.

Le chadec globe, le poncire ovale et odorant, la milla rosa, le cédrat, le citronnier méritent aussi à juste titre l'attention du voyageur : structure gracieuse, épiderme fin et délié, couleurs charmantes, utilité, vertu, la nature n'oublia rien pour la beauté et le perfectionnement de ces fruits; aussi les mains qui doivent les recueillir annuellement n'osent point les séparer de leur tige, pour rendre hommage à ses glorieux attributs. Mais si rien n'est plus joli aux regards que ces fruits encore unis à leurs rameaux, relevant, embellissant et balançant doucement de leur poids et de leur orgueil les arbrisseaux qui les produisent, rien aussi ne flatte plus la conception que la réunion en une seule pomme d'une partie de tous ces fruits. Qu'ils sont intéressans les arbres qui portent ce phénomène!.... Genres, espèces, qualités ont été appropriés à un seul individu, leurs germes vivans se sont élevés dans le même pistil, nourris de la même sève et logés sous une enveloppe commune. En examinant ces arbres singuliers, on aime à initier sa pensée dans tout ce que l'art a eu d'ingénieux pour forcer un végétal essentiellement homogène à devenir à la fois polygame et hermaphrodite. Cette aimable métamorphose n'est pas la seule qui réjouisse le voyageur, une plus douce surprise lui est réservée en apercevant sur d'autres arbrisseaux la marque distinctive de toutes les saisons : on est vraiment enthousiaste de voir sur un même pied la branche orgueilleuse et pesante des fruits mûrs, s'y marier avec celle qui offre encore les langes modestes des fruits naissans, et on ne peut s'expliquer par quelle étrange faveur le soleil d'automne, qui a coloré et grossi les premiers, fait éclore l'embryon des seconds, ait aussi permis à la fleur du même fruit d'y étaler ses graces virginales sous le feuillage toujours vert, toujours beau qui les relève. Spectacle charmant ! il présente aux yeux étonnés l'assemblage des saisons fugitives dans une seule période, sur une même terre, sous un même ciel.

Saisi par des impressions toujours plus délicieuses, on passe des heures entières sou· ces bois d'orangers. Jolis, curieux dans leurs attraits particuliers, ils sont admirables quand on les contemple dans leur ensemble; les couleurs et les proportions offrent aux regards enchantés le change le plus aimable : tantôt c'est le coloris des fruits qui ternit la verdure, tantôt c'est la verdure qui efface l'éclat des fruits; on ne sait auquel de ces arbrisseaux donner la préférence; ceux qui négligèrent la gros-

seur de leurs fruits pour en égaliser le nombre
avec leurs feuilles, attirent, commandent, enchaî-
nent le coup d'œil par l'image d'une riche fécondité;
les autres ne sont pas indignes du choix; s'ils ont
cédé à l'empire du nombre, ils règnent par l'empire
de la beauté, et, comme elle, leurs fruits superbes
ne sont rares que parce qu'ils sont plus précieux;
mais tous sont également faits pour plaire; arbres
privilégiés, ils sont ornés de tout ce que la végétation a de plus charmant; et tandis que l'hiver, au
front de glace, désole les champs dépouillés, leurs
fruits développent mieux leur rouge doré, et, en
dépit de ses rigueurs, ils offrent au voyageur surpris
la plus abondante moisson; mille mains de bergè-
res joyeuses sont employées pour la recueillir, et
leur généreux tribut, passant sous des cieux étrangers, va faire les délices des festins et de la table
des rois.

Depuis l'automne jusques aux mois les plus sombres de l'année, les jardins d'Hyères se peignent
sous d'aussi brillantes couleurs, et on dirait que
c'est dans leur séjour qu'oubliant les outrages de
l'hiver et qu'assise sur un trône de fleurs, de fruits
et de verdure, la nature vient y jouir en silence de
de son triomphe.

Quelle magnifique résidence que les Jardins Filhe
et Beauregard! elle est digne des hôtes les plus distingués. La main du sculpteur habile n'en façonna
point les habitations, mais un génie plus heureux

sut les environner d'atours qui flattent mieux les
regards que les colonnades et les statues : outre ces
beaux parcs d'orangers dont la fraîcheur, les graces et le coloris inspirent de tous les temps la joie
et le bonheur, mille fleurs variées s'élèvent de toutes parts et forment à l'envi le spectacle le plus
gracieux; des groupes de palmiers, des palissades
de chèvrefeuille, des espaliers de myrte, des bancs
de verdure, des fontaines belles de leurs eaux
jaillissantes, de leur mousse et de leurs plantes
prodigues, des bocages construits en festons et en
guirlandes, en font aussi la décoration merveilleuse.
Que ceux à qui la santé a refusé son bien précieux
viennent passer leur hiver dans ces charmantes
retraites : le brouillard malfaisant qui enveloppe
les cités n'approchera point du toit de leur asile,
et jamais des images sombres n'attristeront les
instans de leur journée. Dès le matin la fenêtre
seule de leur boudoir sera pour eux un endroit de
délices, ils viendront s'y ranimer aux douces in-
fluences d'un ciel heureux, s'y réjouir à la vue d'un
paysage toujours beau et toujours nouveau, enfin
s'y livrer parmi les attraits de la nature à ces impressions douces et flatteuses que l'on chercherait
en vain dans les plus belles cités. Telle, cette princesse (*) qui au milieu de sa stérile félicité dissipa
ainsi les ennuis de sa mélancolie, elle que le faste des

(*) Pauline, sœur de Napoléon.

5

cours, que le luxe des palais n'avaient pu égayer, et dont le nom célèbre lui valait partout une fête. Aussi, de tous les lieux qu'elle visitait dans ses nombreux voyages, le Jardin Filhe était le seul qui pût flatter son cœur et distraire ses affligeantes pensées.

Un groupe de lauriers indique dans ce jardin un souvenir cher à toute la France. Il fut dédié à la valeur et à la gloire sans tache du guerrier de Polotzk. Il n'est plus ! mais qu'il croisse cet arbuste des braves et qu'il prouve à l'impitoyable Atropos que son cruel ciseau n'atteint point les vertus immortelles dont il est l'emblème !.....

Une foule d'autres jardins rivalisent, en hiver, de beautés et d'agrémens, et l'on peut dire que leur aimable séjour est réellement destiné pour faire les délices du cœur et le charme des yeux.

Mais si les jardins d'Hyères ont des graces surprenantes pendant le règne des frimas, si sous son influence rigoureuse leur sol privilégié reste couvert des plus beaux dons de Pomone, rien n'égale leurs charmes et leur splendeur aux approches du printemps : jaloux de conserver une beauté constante, les bosquets d'orangers, un instant dépouillés de leurs pommes dorées, poussent rapidement leurs bourgeons, et le même feuillage qui paraît un fruit exquis et recherché, ombrage incessamment la plus gracieuse et la plus odorante des fleurs; chaque tige en fait éclore une quantité prodigieuse, et on croirait voir dans chaque arbre des flocons de neige suspendus parmi des lames d'émeraudes. Quand le souffle des zéphirs secoue cette abondante fleuraison, les pétales tombent, s'amoncèlent, forment sur le sol qui les reçoit une natte d'une blancheur éblouissante, jusqu'à ce que, recueillies avec soin, ces fleurs soient destinées à parfumer l'eau précieuse qui porte leur nom. Abandonnés en hiver à leur seule verdure, dès le mois d'avril les plants de fraisiers y offrent aussi leurs agrémens : des fruits comme des pointes de rubis percent de toutes parts sous un feuillage rampant, et laissent échapper une odeur plus douce que la rose et aussi légère que l'iris. Les couleurs qui émaillent le fraisier deviennent chaque jour plus prononcées, et chaque jour elles charment mieux les regards de leur éclat opposé. Née avec les premières émanations du printemps, cette production semble s'imprégner de sa vivifiante fraîcheur, et après avoir réjoui la vue, elle flatte délicieusement le goût par sa saveur embaumée. Alors aussi les herbes potagères semées par couche et rangées par famille, y présentent le plus joli aspect : l'œil aime à s'égarer parmi ces humbles végétaux, il semble trouver dans leur délicate et fraîche verdure une agréable sérénité; l'arrangement qui règne dans les plantations d'artichauts attire surtout une curieuse attention : à travers un feuillage ample et dentelé, jonché en groupe sur la terre qu'il cache par des

intervalles réguliers, on voit des milliers de pommes feuillées qui, quoique soumises à une moisson journalière, se succèdent comme pour dé-
dommager généreusement celui qui les soigna.
L'*ervum*, le *phaséolus*, la *faba*, le *pisum* et toutes
les plantes légumineuses ouvrent leurs fleurs papil-
lionnacées, les couleurs naissantes et printanières
s'y jouent avec éclat et inspirent la gaité ; des milliers d'arbres à fruits développent des bouquets
blancs, jaunes, pourpre, aurore ; le myrte, la clé-
matite et l'aubépine de la haie fleurissent et s'en-
lacent amoureusement ; le gazon, le muguet et la
violette veloutent, émaillent le bord des ruisseaux ;
les prairies brillent du cristal de leurs eaux et se
montrent aux yeux comme de beaux tapis d'émeraudes ; enfin un parfum mélangé de tout ce que
les différens végétaux ont de suave, règne dans ces
jardins enchanteurs, et les oiseaux, les zéphirs et
les papillons viennent y préluder leurs innocens
caprices.

Cette scène fastueuse du printemps que l'on
rencontre dans tous les jardins d'Hyères, a quelque chose de grand et de sympathique qui porte
à l'ame une volupté inconnue. Que la nature y
paraît belle au milieu des prémices de la végétation ! S'il est vrai que la reproduction soit dans
l'univers sa tâche la plus intime, que ces lieux la
rendent fière de son généreux dévouement ! Il n'est
pas un arbre, pas une plante, pas un gazon qui

n'ait éclos mille germes de vie, tous se sont pour ainsi dire prostitués aux affinités de la fécondation. Qu'il s'y montre relevé aussi l'art précieux de la culture ! à quelque endroit où l'on porte ses pas on est ravi par la plus belle variété de ses dons : chaque regard découvre un genre de production, chaque instant cette théorie qui lui communique la vigueur et la grace; aussi s'enorgueillit-on en pensant que les mains de l'homme contribuèrent si puissamment à l'œuvre de la nature. Heureux agronomes qui habitez ces superbes retraites, qui avez dispensé vos soins à ce brillant mélange de végétaux, quelle joie douce et pure doit vous animer quand vos travaux champêtres se développent si magnifique- ment à vos yeux ! Vos cœurs en s'épanouissant dans le charme et les espérances de votre ouvrage peu- vent défier toutes les autres jouissances.....

Quand aux fleurs du printemps succède la ver- dure de l'été, le tableau change; il présente un aspect moins éclatant mais peut-être plus volup- tueux : de toutes parts on est environné d'un feuil- lage élégant, d'ombres fraîches et enviées, de papillons qui se jouent avec amour, tantôt sur des bancs de verdure, tantôt sur le calice des fleurs, de zéphirs qui en se déliant dans les bocages vien- nent répandre les plus douces odeurs, d'une onde pure qui semble couler en filet d'argent et dont on aime à entendre le murmure fugitif, enfin du chant des oiseaux qui se disputent les accens les plus gais et les plus agréables.

Belle et sublime harmonie! elle détache de l'ame les plus tendres sensations, elle dégage le cœur de toutes passions et de toutes peines, et seul, au milieu d'elle, l'on est heureux d'un bonheur incomparable. On ne peut oublier tout ce que les heures du soir y ont de ravissant : ces derniers rayons du soleil qui se jouent sur l'émail des gazons, s'échappent sur la pointe des vergers, que l'on aime à suivre, et dont les aimables nuances brillent, passent et trompent agréablement l'œil ; ce jour délicat qui leur succède et qui en se répandant sur tous les objets semble leur donner une physionomie nouvelle; toutes ces fleurs brillantes de vivacité et que la main voudrait toutes cueillir ; tous ces arbres, tous ces arbustes d'où semblent s'échapper la fraîcheur et la vie, la fraîcheur du vert foncé d'un vigoureux feuillage, la vie d'une multitude de fruits qui, sous sa protection, naissent, croissent et se perfectionnent; et quand les premières ombres de la nuit viennent se mêler aux dernières lueurs du jour, que tout devient tranquille, que les zéphirs se taisent, que les rameaux ne font plus entendre de frôlement, que l'onde fuit toujours mais murmure à peine, ces charmans rossignols, dont la musique est toujours belle et jamais servile, vous transportent de joie et d'un nouveau plaisir.

Retraites délicieuses! vous vivrez long-temps dans le souvenir de ceux que vous charmerez, et quand éloignés de vous ils se retrouveront au sein des villes bruyantes, le vol hardi de l'imagination les conduira quelquefois dans votre enceinte pour y chercher tout le bonheur qu'ils y éprouvèrent.

LE PARTERRE

DU

JARDIN FILME.

———————

La nature semble avoir choisi dans les jardins d'Hyères sa retraite de prédilection, pour y jouer avec ses plus beaux ornemens et ses métamorphoses les plus charmantes : tantôt elle s'y pare d'une robe étincelante comme la neige et dont rien n'égale le luxe et la magnificence, tantôt elle s'y revêt d'un manteau verdoyant dont l'éclat efface celui de la pure émeraude. D'autres fois, pleine de grandeur et de majesté, elle y brille au milieu des bois orgueilleux de l'orange dorée; enfin, parmi les productions chétives du jardinage, on la distingue

souvent sous les voiles de la simplicité, mais aussi
belle, aussi fraîche que les perles de la rosée. Une
vapeur légère fait naître autour d'elle un charme
extatique et imprègne d'ambroisie ses costumes
fastueux, tandis que pour honorer sa gloire la sym-
phonie la plus douce des oiseaux, le bruissement
le plus agréable de l'onde, l'haleine la plus épurée
des zéphirs l'environnent d'un concert aimable et
ravissant. Toutefois, à l'époque de ses jours de fête,
le parterre du Jardin Filhe devient l'asile favori de
ses amusemens et de ses caprices.

Moitié douce et chérie du genre humain, aimable sexe! c'est vous surtout que la nature convia
aux scènes de ses plus délicates beautés; venez
donc la suivre quelquefois dans ce salon resplendissant. Tout ce que les fleurs ont de plus gracieux
dans les contours et dans les formes, tout ce qu'elles apprêtent de plus recherché en tissu fin et
délicat, en fraîcheur, en coloris et en beauté, tout
ce qu'elles possèdent de plus délié et d'exquis dans
leur parfum, s'y déploie pour vous plaire et charmer vos appas : ici les grappes bleues et penchées
de l'élizia, les cloches violettes de la cobée, les
faisceaux de fleurs de la crassule d'un rouge écar-
late, les bouquets jaunes et latéraux de la bignone
et ceux d'un beau blanc du *pittosporum* vous fe-
ront sourire de joie; là, vous badinerez sous les
épis serrés de la sauge mexicaine, sous les larges
panicules du troëne japonais et du lagestrome à

belles et grandes fleurs pourpre; plus loin, vos graces s'animeront devant les variétés de la benoite, les fleurs orangées de la globbée, la pervenche de Madagascar, la dentelaire du Cap et les étoiles aromatiques du diosma; les charmantes fleurs du lin triginum et celles odorantes du *phaseolus caracalla* n'échapperont point à votre attention. De ce côté, vous vous montrerez sensible à la beauté de la crinolle d'un bleu céleste, aux charmes de la fleur cramoisie de la *pœnia arborea*, à l'éclat des ketmies, des grenadilles, des poincillades et des glayeuls; de cet autre, vous palpiterez à l'élégance de la svelte alstroémère, à la fleur rouge et papillionnacée de l'antholise, à la mélianthe pyramidale et à la linnée curieuse par le nom du célèbre auteur qu'elle porte; enfin, vous ne resterez pas indifférent aux fleurs précieuses du franchipanier et du camellier japonica, à l'aristoloche grimpante, à la hampe tachetée de pourpre, ornée de fleurs pendantes de l'alétris capensis et à celle de l'aralie portant à son sommet une ombelle de fleurs blanches de la plus grande beauté. Au milieu de ces végétaux de tous les pays et que l'art a réunis sur un même champ, la rose douce et superbe se montrera à vos yeux avec les graces et la majesté d'une reine sur son trône, et en vous ouvrant son beau sein encore humide des pleurs de l'aurore, elle ravira vos sens de son voluptueux parfum; le lis jaloux, porté sur une tige élancée, vous offrira avec son encens la candeur et la chasteté dont il est l'emblème, tandis que pour obtenir un regard l'hortensia étalera avec orgueil la parure de son feuillage et la magnificence de ses boules différemment coloriées.

Mais tout ce qui embellit le salon de la belle nature doit vous rendre son tribut d'hommages : phlox, qui souriez au retour du printemps et qui parez aussi la scène automnale, montrez-lui vos gerbes fleuries, elles décorent tous les lieux qu'elles habitent; coquette sparmanne, déployez vos ombelles dont l'éclat ternit le jour, leur élégante collerette, leurs étamines à filets jaunes, leur intérieur pourpré et leurs anthères dorées; basiliers, jasmins, renoncules, géraniums, présentez-lui vos tissus, vos couleurs et l'heureuse variété de vos espèces; iris, pavots, ixia, œillets, élevez-vous sur vos tiges gracieuses et couvrez-vous de vos vêtemens pompeux; vous petites fleurs qui parlez à la pensée dont vous portez le nom, ne vous cachez point sous les lilas et les lauroses qui vous ombragent, le beau sexe sait aussi vous estimer : quand vous reçûtes ce velours d'un sombre azur, ce fond d'un jaune clair qui le coupe, ces légers dessins qui s'y tracent, enfin votre ensemble plein de vivacité, ce fut sans doute pour parler à l'imagination d'un amant ou d'un époux, comme autrefois ces caractères hyéroglyphiques qui leur témoignaient de mystérieuses leçons. Tu ne peux te soustraire à l'offrande commune, capricieux zédoaire, hâte-toi donc d'épa-

nouir tes fleurs à double calice, aux jolies languet-
tes à bords roulés, au sein de pourpre; ton feuillage discret ne paraîtra qu'à l'achèvement de leur
toilette. Laisse-toi entraîner par l'exemple, agréable
polygale, et avant qu'un léger nuage vienne obs-
curcir l'astre qui te colore et qui soudain flétrirait
tous tes charmes, laisse voir tes couleurs pures et
riches que ton sommeil fantastique rend plus fraîches et plus belles encore. Et toi qui naquis dans
le nouveau monde, incomparable cactier, pare-toi
de ta triple couronne d'écailles dorées, du blanc
de neige de ta fleur, donne-lui son port noble et
touchant, ses atours fins et déliés, ajoute-lui son
odeur charmante de vanille pour captiver tous les
regards.

Nature! comme on aime à te suivre dans cet
admirable parterre; son spectacle est digne de toi,
le règne de tes plus aimables attributs y est retracé
avec un caractère de grandeur qui étonne et ravit
l'œil humain. Quel émail! quelles couleurs! quelles
richesses! quelle magnifique profusion! mais en
même temps quelle harmonie, quelle douceur dans
le mélange et dans les nuances qui tempèrent toutes ces fleurs! Honneur à l'homme libéral qui en
chérissait la rare et précieuse collection! Il y réunit
aussi des arbres et des productions de tous les
climats et de toutes les formes, également dignes
de relever le lieu qu'il habita. Le palmier des dé-
serts y déploie ses rameaux gracieux et soupire

après son amante éloignée; l'orgueil du règne végétal, le bel ananas s'y couvre de ses vêtemens touffus, il y élève sa hampe surmontée de sa couronne
de feuilles et de l'épi qui forme son fruit délicieux.
On trouve le cafier, cette production utile qui
ranime l'esprit et le cœur; son adoucissante compagne, la canne à sucre, créée pour en tempérer
l'ardeur. On s'arrête devant le magnolier de la Flo-
ride; ses feuilles d'un vert luisant, ses fleurs d'un
beau blanc et d'une consistance étonnante, son
aspect majestueux, excitent à la contemplation;
devant le bananier dont les feuilles immenses sont
comme autant de bannières flottantes. L'arbre
Yucca n'est pas indigne des regards par sa tige
d'une ligne droite et par ses immenses bouquets
qui contiennent chacun plus de cent fleurs dispo-
sées en panicule. Comment ne pas admirer le bizarre cheiranthodendron! Trouvé dans les vastes
régions du Mexique, cet arbre a une fleur rouge
et durable qui a la figure d'une main; la palme,
les jointures, les phalanges et les doigts y sont for-
més avec une telle perfection, qu'un artiste ne saurait la rendre aussi exactement. Comment aussi ne
pas méditer auprès de l'acacie dont le feuillage
timide semble avoir une ame pour les sensations!
Le souchet-papyrus dont la tige fournissait les lames du papier des anciens Égyptiens et sur lesquelles furent écrites les Épîtres d'Augustin, le coton-
nier qui donne à la mollesse son duvet et aux arts

son superbe tissu méritent aussi l'honneur d'être visités. On ne saurait passer sans voir le port remarquable du carica-papaya, la variété des rameaux fins et verticillés des casuarinas dont l'acquisition est due aux voyages de Cook et de Bank; les éventails du camerope, le dragonier avec son faisceau de feuilles à bords tranchans, le noyer indien, le cachimentier, le médecinier au beau feuillage, enfin le laurier persan, tributaire de la précieuse cannelle, et l'indigotier de sa teinture.

Mille autres végétaux, dignes de fixer l'attention du botaniste et la curiosité du voyageur, peuplent le parterre du Jardin Filhe; l'œil voudrait les voir tous pour jouir de leur forme et de leur structure, l'imagination les interroger tous pour rêver sur le secret de leur organisation et de leur type originel.

Quel doux plaisir que celui de promener ses instans au milieu de tant de productions diverses! les jeux de la nature y sont représentés sous les affinités les plus menues et les plus grandes, les plus simples et les plus composées; les efforts de l'art sous les modifications les plus distinguées et les plus ingénieuses. Surtout, qu'il est agréable de voir rassemblées autour de soi toutes ces familles de végétaux qui, dérobées à des terres lointaines par de savans naturalistes, marquent l'âge et les progrès de la botanique par les époques de leur connaissance et de leur culture. La pensée aime à dérouler les temps et les hasards de leur découverte; elle aime aussi à se figurer les lieux de leur mère patrie, et dans le cercle étroit de ce parterre elle voyage dans toutes les parties de l'univers.

C'est pendant le mois de mai qu'il faut visiter ce boudoir favori de la nature. La pourpre des rois et toutes les pierreries d'un diadème ne sont pas comparables dans leur éclat à la beauté de cette légion de fleurs, empreintes de la vivacité de tous les coloris, de l'orgueil de toutes les graces, de la délicatesse de toutes les formes. Chaque zéphir vient prendre son haleine dans leur parfum, chaque papillon sa nourriture dans leur calice; le feuillage des arbres respire la vie et la fraîcheur, il se lie en guirlande et se croise en berceau, monte en pyramide et descend en feston; il se prête à toutes les ombres, il sert d'asile à tous les oiseaux.

PROMENADE

MARITIME

AUX ENVIRONS DES PESQUIERS.

———⚬⚬⚬———

PAR un de ces jours d'hiver où le brouillard
sombre et hérissé de givre n'exerce pas son influence froide et monotone, où le fier aquilon est
réduit au silence par les doux zéphirs dispersés
dans les airs, et où le soleil pour réchauffer le sein
glacé de la nature règne en vainqueur sous des
cieux bronzés de sérénité, hâtez-vous, amateurs
d'une promenade agréable, portez vos pas vers les
côtes maritimes d'Hyères, vous assisterez réellement à ces scènes enviées que le peintre imite sur
la toile pour orner vos salons et charmer vos loi-

6

sirs; on y embarque sur la simple pirogue, emblème aimable et significatif des timides essais du
premier navigateur; la voile que les zéphirs gonflent de leur haleine, et qui dans sa marche hardie
se réfléchit sur le miroir des eaux, n'orne point
la frêle barque; mais deux avirons déployés sur ses
flancs en ailes légères sont le signe gracieux d'une
rivale agilité. Bientôt le nocher la fait voler sur la
mer paisible, et les rides d'un doux sillage en décè-
lent et accompagnent la route; elle se dirige vers
la presqu'île de Giens, séjour favorable à ces amusemens simples qui embelliront toujours quelques
momens de la vie. La pêche à la ligne y offre
d'abord son joli tableau : un rocher bizarrement
taillé et qui défie les années et les tempêtes, sert
de siége au bon pêcheur; on le voit lancer l'hame-
çon pour atteindre sa proie; patient et attentif,
chaque mouvement de sa ligne est une émotion
qui le ravit de joie. Toutefois il se méfie contre
l'amorce trompeuse et il écoute les pulsations de
sa main; celle-ci, prompte messagère de la pensée,
est en équilibre pour suivre aussitôt son élan; l'immobilité du liége brusquée tout-à-coup donne le
dernier signal, et d'un trait rapide la ligne est enle-
vée et le poisson sautillant fait prisonnier. Ici on
s'arrête à la pêche des testacés; l'habile marin,
inaccessible à la crainte, brave le tranchant des
moules et les mille pointes de l'oursin, il démêle
parmi les cailloux et dans le fond des eaux le man-

teau sombre de l'huître, la couleur pierreuse de la
pétoncle, de l'avicule, et parmi les rochers, le lépas
qui s'y attache d'une manière intense et uniforme,
n'échappe point à son ingénieux discernement.
Plus loin et sur le rescif des rochers, la pêche au
trident présente à son tour un spectacle agréable :
on aime à voir lancer d'une main sûre l'instrument
meurtrier qui perce le flanc du polype, et quand il
esquive une mort certaine, c'est alors que le pêcheur
met en jeu une ruse amusante : abandonnant son
trident inutile, il incline doucement une de ses
mains vers l'asile raboteux où vient de se blottir l'objet de sa convoitise, il attend et il reste immobile.
Adroite supercherie ! l'animal qui a fui le fer redoutable vient rôder autour du corps étranger qu'il
aperçoit; il l'entoure, il le presse comme pour en
faire sa proie; mais à mesure que cet ennemi impuissant croit avoir assez fait d'efforts pour l'entraîner, l'adroit marin attaque aussitôt la partie
sensible de ses forces; il saisit, trousse, replie
subtilement la large coiffure qui en est le siége, et
le polype resté sans énergie, tombe au pouvoir du
vainqueur que cette prise anime de contentement.
Enfin, d'un autre côté, c'est la pêche intéressante
du thon : en avant dans la mer des barques sont
postées sur une ligne quadrangulaire; elles fixent
la station du filet solide et spacieux qui est jeté dans
le canal qui sépare la presqu'île du continent. De
gais matelots se rangent en file sur le rivage pour

hâler le piége flottant; ils semblent mesurer à leurs efforts le succès qu'il a produit, tandis que le silence de l'incertitude accompagne l'exercice de leur œuvre; bientôt les cris du patron les appellent, ils accourent vers les barques, sautent de plaisir devant le prodige de leur pêche, puis les uns chantent, les autres rêvent à leurs travaux du lendemain.

Mais vers les parages de l'étang, des images plus riantes encore attendent le passager de la jolie nacelle : tantôt c'est un essaim d'oiseaux aquatiques qui s'élèvent pour voyager dans les airs; on les remarque se former en tourbillon, planer et descendre en chute douce et cadencée pour venir caresser le miroir des eaux où ils lissent leurs blancs plumages aux rayons du beau jour; bientôt ils s'envolent et les coups redoublés de leur bec laissent la plaine liquide couverte de sillons; tantôt, à travers des touffes de jonc, le canard orné de banderoles vertes plonge et replonge vingt fois dans la mer, il y secoue son aile massive pour la rendre plus agile sur les vagues éthérées; l'oie, élevée à la hauteur des nues, fait entendre sa voix glapissante, elle vient chercher dans ces parages tempérés un abri contre la rigueur des frimas; le héron, le flamand, le pélican sortent de leur retraite, on les distingue, réunis en groupe, marquer des évolutions subtiles et agréables, puis se séparer furtivement pour aller trier dans les fonds vaseux l'insecte qui les nourrit. Quelquefois un oiseau

superbe, aussi blanc que la neige, aussi pur que le
jour, apparaît tout-à-coup sur la ligne des eaux ;
ses pieds nageurs la coupent, l'effleurent, et son aile
voilière le fait marcher avec la vélocité de l'éclair.
A ces caractères, à son maintien noble et fier on
reconnaît le cygne. Qu'on le trouve admirable! Le
cabinet du naturaliste offre bien l'image réelle de
cet animal magnifique, mais l'art est impuissant
pour lui imprimer toutes les graces vivantes dont
on épie les atours avec une avide curiosité.

Que cette course maritime est délicieuse! tout y
est charme, tout y est plaisir, et l'ame reçoit quelque chose de cette volupté flexible et légère qui
n'a rien de commun ni de matériellement impres-
sible; on se trouve parmi des sites que des rochers,
des bois, des habitations rendent singulièrement
pittoresques, sur une mer transparente comme une
glace et belle du calme le plus gracieux, près d'un
rivage agréable où l'ondée légère vient mollement
glisser sur le sable argenté et effacer l'empreinte
que le pied du pêcheur y avait laissée; enfin sous
un ciel épuré, réjoui par le lustre de la nature et
où viennent se jouer des nuages qu'il satine et qu'il
dore tour à tour. Accompagné du souvenir de tant
d'images intéressantes, on se dirige vers la maison
des pêcheries. Cette demeure de la simplicité n'est
pas indigne de l'attention du voyageur; sa situation est charmante : ici elle est avoisinée par un
bois où le pin vigoureux élève sa tête altière et son

berceau gracieux ; là par les flots mouvans d'une
mer immense, de ce côté par les eaux immobiles
de l'étang, et devant elle se trouve la construction
ingénieuse qui en fait l'agrément et la richesse.
L'édifice que cet ouvrage représente rappelle aussitôt au spectateur celui du castor artiste : il est piloté
sur l'embouchure de l'étang et divisé en grand
nombre de cellules placées en labyrinthe sur l'étendue du canal ; les bâtons du roseau adroitement liés
en composent toute la charpente. Quand le printemps commence à exercer son empire sur la nature vivante, les habitans des mers accomplissent
aussi le vœu secret de ses lois ; alors ils cherchent
partout un port favorable pour y déposer le fruit
de leurs amours, et en parcourant les sombres abîmes, ils viennent aborder la grande marre dont
chaque partie leur offre une nourriture exquise et
des abris salutaires ; bientôt elle est peuplée de milliers de sujets qu'on laisse vivre en république jusqu'à une certaine époque de l'année, et lorsque
ce mode de gouvernement doit être changé, ils
sont dirigés par des piéges flottans vers les cabi-
nets aquatiques où des soins mercenaires les retiennent captifs. Rien n'est plus curieux que d'en
voir la pêche pour ainsi dire miraculeuse ! Tandis
que le pauvre pêcheur va battre au loin les flots,
qu'une nuit obscure et dangereuse l'environne,
qu'il aura jeté son filet cent fois à cent endroits
différens, et pour lequel le matin ne vient souvent

qu'éclairer un triste dénuement; ici, sans aucune peine, sans aucune perplexité, on prend à volonté des poissons du goût le plus recherché, entre autres la sole et la dorade, le muge et l'esturgeon, l'espadon et la langouste, l'anguille, le turbot, le loup et le cabillaud. Le patron privilégié lance son réseau d'une main sûre et confiante, il le retire chargé de ces poissons sautillans; les uns s'échappent à travers les mailles du filet; d'autres, distingués par la gentillesse de leur forme ou de leur couleur, esquivent lestement à la main envieuse qui voulait les caresser, tandis que ceux qui emplissent déjà la barque, s'agitent avec fracas pour regagner l'élément de leur vie.

Spectacle charmant! c'est lui qui vient fermer la scène et qui convie le voyageur à célébrer sur les bords de mer le festin délicieux du pêcheur.

CHASSE

AUX MACREUSES

A L'ÉTANG D'HYÈRES.

———◦———

L'aurore parait et annonce un jour serein! Réveillez-vous, diligens chasseurs, que le pouvoir indolent du sommeil fuie de vos paupières appesanties, et que le froid piquant du matin ne vous retienne pas plus long-temps captifs dans un lit de paresse; levez-vous! une fête délicieuse vous attend, et, debout, revêtez vos havre-sacs, emparez-vous de vos armes, de vos munitions; le chien fidèle vous a entendu, il est là, ruminant sa joie, flattant, caressant vos genoux et tout prêt à vous suivre. Laissez l'appeau et le filet, n'oubliez ni la liqueur spiritueuse, ni les provisions de bouche ; partez !

A cet appel qui les fait tressaillir de joie, les champions se rassemblent et cheminent vers l'étang d'Hyères. Des préparatifs y ont lieu pour livrer un combat naval à la timide macreuse et aux autres volatiles qui le peuplent. Déjà un grand nombre de nacelles sont rangées en ordre le long de la grande marre, les chasseurs vigilans sont désignés pour les conduire et pour battre les retranchemens les plus inexpugnables. La ligne de bataille est décrite, elle se rompt au signal convenu ; aussitôt les barques se divisent et viennent ceindre en tous sens l'étendue de l'étang ; les chaussées et la terre ferme sont garnies d'une arrière-garde chargée d'inquiéter la retraite des animaux assiégés. Ils sont placés par flots vers le centre de l'étang ; là, assis sur la surface des eaux, ils savourent dans un doux repos l'influence d'un ciel tempéré. Attentifs au moindre bruit, leurs regards percent par intervalle dans le sein de l'onde pour y suivre la route du menu poisson, objet recherché de leur convoitise... Mais soudain le danger les menace, la foudre éclate et déchire leur propre sécurité : étonnés, éperdus, ils s'envolent, se précipitent de toutes parts, et de toutes parts le plomb meurtrier les agite, les accable!... semblables à ces voyageurs qui, surpris dans leur route par un violent orage, cherchent en vain un abri contre les injures de la tempête.

Cependant l'intelligence de ces oiseaux s'anime au milieu du danger qui les environne : leurs vols rapides font mille contours divers pour tromper les traits qui les poursuivent; dans ce péril imminent l'exemple du plus subtil commande la retraite, et tour à tour ils fuient par échelons et d'un pas précipité vers les confins de l'étang; mais là une cruelle réception leur apprend qu'il n'y a point d'asile contre la persécution de leurs ennemis. Le désordre s'empare alors de la troupe ailée, elle avance, recule, tournoie sur le miroir des eaux, et par une espèce de vertige finit par aller au-devant du trait inhumain.

Les chasseurs profitant de cette débâcle poussent mille cris d'ardeur, ils mesurent hardiment l'espace qui les sépare de leur proie, et par un mouvement et un effet aussi prompt que la pensée, ils la franchissent et atteignent la macreuse dans les airs au milieu des acclamations d'un concours nombreux de spectateurs.....

A la détonation des armes à feu qui éclate de toutes parts, à l'aspect des barques légères qui se pressent et semblent voler sur des eaux dont elles rident la surface azurée, à la vue des volatiles en défaite qui tombent çà et là et qui font retentir les airs du battement de leurs ailes mourantes, aux cris aigus des chiens vigilans qui sautent dans les flots et qui d'un bond vont fixer leur proie, au triomphe mille fois répété des combattans, on est réellement enthousiaste de cette chasse digne du plaisir des rois.

Que ceux qui n'ont pas goûté tous les charmes d'un grand repas champêtre viennent assister à celui qui termine les amusemens de la chasse : joyeux de leur victoire, les chasseurs sont disséminés sur un aimable rivage, les nattes formées de la dépouille des joncs, le duvet des herbes marines, les tertres abrités que protègent le pin, le romarin et les arbustes rampans, sont autant de tables choisies par la simple nécessité. C'est là qu'en dépit d'un service somptueux et de tout ce que l'art a inventé dans la préparation des mets, ils savourent à longs traits tout ce que peuvent offrir de plaisir et de jouissance les besoins de la nourriture : des poissons que la main du pêcheur a assaisonnés, quelques provisions préparées à la hâte sont, il est vrai, les seuls alimens offerts au goût des convives; mais les dispositions d'un exercice qui a si salutairement délié le corps; mais la brise épurée dans les flots de la mer qui a soufflé dans les sens une nouvelle vie, mais cette joyeuse liberté des champs où le cœur s'ouvre aux sensations du plus véritable bonheur, font de ce repas une fête dont les Néréides même seraient jalouses !

FÊTE

A

L'ERMITAGE D'HYÈRES.

———◆———

ERMITE, bon ermite, réjouis-toi! bientôt tu seras heureux, non point des hochets de la vanité et des grandeurs dédaignées par ta paisible indigence, mais des deniers du fidèle et du pain de la charité. Demain, demain les offrandes se succèderont, et ta félicité vaudra bien le bonheur mensonger d'un roi............. Sois donc joyeux et hâte-toi : que le myrte des bois tressé en guirlande couronne et rajeunisse le vieux fronton de la chapelle solitaire, que le sol de son enceinte soit couvert d'un beau tapis de fleurs, aimable présent du genêt des vallées; qu'à chaque nef brille la bannière des Saints, enfin que l'autel sacré soit revêtu de ses plus beaux ornemens et la Vierge céleste de ses joyaux les plus magnifiques. Il faut que par tes soins le modeste temple des champs annonce l'air charmant de son jour de fête.

Les chants orgueilleux d'une musique guerrière, le son bruyant du canon et tous ces vains préludes d'une réjouissance asservie au nom d'un prince ou aux actes de sa politique, n'en indiquent point la célébration. D'une origine plus noble, cette fête a son souvenir dans le sanctuaire des cœurs, et la nuit, la nuit qui lui doit sa fuite n'a pas encore déchiré ses sombres voiles, qu'une foule immense est déjà au pied de l'ermitage vénéré. Au moment où l'aurore paraît rien n'est plus aimable que la scène qu'elle vient éclairer : ce n'est point des pla-᷉es publiques avec des appareils pompeux de dan-ses, de parades ou de distributions, non plus de palais avec leurs guirlandes, leurs dômes, leurs kiosques et leurs riches pavois, c'est un site char-mant et solitaire, environné de pins et de chênes, n'ayant pour tout édifice qu'une maison gothique, mais pour aspects la vaste étendue des cieux où viennent glisser les riantes couleurs de l'aurore, et dont la voûte merveilleuse a pour architecte la di-vinité, l'immensité des mers si fécondes en riches-ses et en écueils, et que le regard embrasse avec un orgueil mêlé d'effroi; des îles fièrement assises

sur les flots et qui échappent depuis tant de siècles
à leurs mugissemens; un continent couvert d'habitations, d'un vaste vignoble, d'une forêt d'oliviers
et de mille productions utiles au commerce et à la
vie; enfin des chaînes de montagnes dont les som-
mets élevés et couronnés de lumière brillent dans
les airs comme autant de monumens vénérables
de la nature.

Ainsi que dans les villes la foule ne se heurte
point, ne se foule point au bruit des chevaux, des
armes et des tambours qui y précèdent un cortége
brillant où l'exercice d'un jeu public; ici, moins
agitée et plus heureuse, on la voit réunie sur le
penchant d'une colline, là sur des chariots con-
vertis en cabanes rustiques, ici sur la pelouse du
bois, plus loin sous des tentes blanchies et qui
semblent couper la verte et sombre bruyère, à
droite et à gauche, sur la mousse des rochers disposés en siéges et sous d'arbres antiques revêtus
d'oriflammes élégans; elle prend en famille un
repas frugal parmi des chevaux qui hennissent en
signe de joie, des oiseaux qui chantent leurs amours,
des zéphirs qui recueillent et répandent le parfum
des aromates, au son gai d'une cloche qui vibre
dans les airs, au bruit du tambourin villageois et
aux accords réjouissans des flageolets champêtres...

Charmante réunion de personnes de tous les
âges et de toutes les conditions, et qui, dispersées
la veille dans différens endroits sans relations et

sans rapports, semblent cependant avoir formé une alliance commune! Là sont des enfans et des vieillards, des amans et des époux, des pères de famille et des couples sans postérité, qui tous ont un vœu religieux à former, et surtout une multitude de voyageurs qui, au souvenir de leur infortune, viennent en ce jour renouveler des actions de grace à la Providence.

Mais les premiers rayons du soleil couvrent d'un jaune doré les murs de l'ermitage objet de tous les désirs; alors la foule empressée quitte le camp pittoresque et se porte sur le sommet de la colline. Elle s'y arrête quelques momens pour contempler les belles perspectives qui se déroulent autour d'elle. Admirable coup d'œil de cette mer qui se prolonge jusqu'à l'horizon où elle semble s'unir et se confondre, de ces lueurs flamboyantes qui en éclairant ses abîmes semblent verser sur sa mobile surface des milliers de diamans, de cette campagne qui d'un autre côté s'étend à l'infini et dont le sol fécond étale la plus riante verdure; de ces coteaux, de ces monts orgueilleux qui tour à tour changent et embellissent les aspects, coupent et divisent la scène en de sites enchanteurs; de ces îles où les regards aiment tant à reposer, enfin de ce ciel magnifique où sur un fond d'un bleu pur cheminent de légers nuages encore empreints des plus belles couleurs de l'aurore!.... C'est dans les harmonies de ce grand tableau que la foule vient cimenter ses premières impressions religieuses. Elle pénètre ensuite dans l'intérieur de la chapelle dont l'arrangement justifie tous les soins du pauvre ermite : on y remarque un tableau précieux servant de frontispice au maître autel, il représente l'Assomption; les couleurs en sont vives et la touche délicate, on le dit de Puget; des vaisseaux en relief, symboles de naufrages fameux; des crustacés et des défenses énormes de poissons qui ont dû être prêtes à lacérer le pauvre marinier; des béquilles qui ont soutenu la faiblesse ou le danger du malade languissant; des draps jaunis par l'agonie du moribond ou la douleur de l'affligé; des tronçons de fusils qui éclatèrent en mille pièces dans la main du chasseur; des armes, des enseignes que de hardis navigateurs enlevèrent à des corsaires tyrans des mers, sont suspendus comme autant de trophées à la voûte de la chapelle sainte, tandis que mille autres signes de piété en tapissent les murs. Au milieu de cet appareil religieux et dont chaque objet retrace non point un événement imaginaire qu'un écrit mensonger grossit pour plaire, mais l'histoire réelle des maux de l'humanité; de cette multitude qui s'arrête, prie, circule, contemple de toutes parts, le spectateur aime quelquefois à rêver : il compare la sévérité des croyances philosophiques avec le dogme traditionnel d'une foi embrassée sans étude, et il cherche de quel côté se trouvent les consolations et le

7

bonheur.... Malgré sa stoïcité il veut suivre les actes
d'une foule d'assistans et s'arrêter aux exemples
d'une morale touchante : ici, c'est un vieillard impatient d'accourir encore une fois vers le souvenir
de son péril et de sa reconnaissance; il le cherche,
il en découvre bientôt le tableau; la poussière des
années l'a blanchi comme de longs jours ont blanchi ses cheveux. En revoyant le théâtre de sa catastrophe, son char brisé, ses coursiers fumans et
irrités, lui-même, au milieu de ce désordre, foulé,
anéanti, le vieillard miraculeusement sauvé s'at-
tendrit et verse des pleurs qui charment son ame
et réveillent sa foi. Là, c'est une jeune femme que la
beauté a parée de ses dons, et qui est humblement
agenouillée sous son *ex-voto*. Dix années se sont
écoulées et elle déplore encore l'excès de son aveu-
glement. Moment, moment fatal d'amour et de vertige, où échevelée, pâle et tremblante, elle accourt,
se précipite d'une hauteur pour chercher la mort,
la mort qui la refuse quand sa chute devait l'écra-
ser..... Peinture effrayante!!..... La jeune femme
sanglote à son aspect, mais elle prie, et le Ciel la
console..... Dans un coin du presbytère et dans
l'ombre où il s'est furtivement glissé, vis-à-vis d'un
tableau représentant une effroyable tempête, un
ciel noirci et déchiré par la foudre, une mer dont
les vagues écumantes s'élèvent en montagnes, et
au milieu un navire jouet des vents se brisant en
mille pièces sur l'écueil fatal, c'est un marin d'un

âge mur, les pieds nus et la tête chauve, qui cherche à cacher l'émotion qui l'agite. Seul il échappa
à ce sinistre..... Mais, jeté sur une côte africaine,
il erra pendant quarante jours à travers de sauvages forêts, en proie à la faim aiguë, à la poursuite
des animaux cruels et à la rage plus barbare encore
d'une peuplade infame du Kasson. Sort infortuné
que la Vierge des marins adoucit tout-à-coup par
l'événement le plus inattendu !... A ce souvenir le
pieux marinier fond en larmes, mais en larmes de
reconnaissance.

Sur un autre point, c'est un jeune homme élégamment vêtu, à l'air doux et soucieux, qui contemple le phénomène de son salut. Un des premiers il a pénétré dans le temple ; quelle émotion
continue, universelle s'est emparée de son être;
chaque trait du tableau qu'il admire le fait tressaillir : au milieu d'un appartement, seul et couché
dans un berceau imprudemment placé près du
foyer, un nourrisson parait s'abandonner en ca-
quetant à des ris innocens, tandis qu'une étincelle
part et vient pénétrer les langes qui le recouvrent.
La parcelle incendiaire, qui augmente ses jeux,
couve, s'étend et bientôt enflamme la couche de
l'enfance. Mère infortunée ! la lionne qui a erré des
heures entières pour trouver des alimens à ses
lionceaux et qui à son retour ne les retrouve plus,
est moins désespérée que cette femme malheu-
reuse.... Elle s'élance avec impétuosité pour retirer,

à travers les flammes, son fils mourant qu'elle
sauve, et qui, dans un tableau peint par sa ver-
tueuse mère, vient revoir chaque année l'histoire
de son premier malheur. Enfin, à une autre part,
ce sont des personnes non moins émues qui,
immobiles et les yeux fixés sur les objets même
de leurs peines passées, aiment à offrir à la Providence les douces larmes d'un bonheur inespéré.

A chaque anniversaire une foule de traits semblables viennent animer les peintures grossières et
tous les objets qui garnissent l'enceinte de l'ermitage d'Hyères. Que les mécréans trouvent dans ce
spectacle un sujet de critique, peut-être même de
dérision : quelqu'étrangers que puissent être à la
Providence les maux de la vie, il est toutefois dans
la nature humaine de lui en offrir la plaintive
expression. Le moment d'une catastrophe fait naître ce premier besoin, et l'homme échappé du
danger aime à en revoir le tableau qu'il chérit loin
du bruit des cités où il se plaît à le placer, comme
cet amant le chiffre de son amour sur l'écorce de
l'arbre solitaire.

Mais les bénédictions ont été répandues sur la
foule; elle se disperse insensiblement et regagne
les foyers qu'elle avait délaissés, plus heureuse, plus
contente que cette multitude que les réjouissances,
les bals et les concerts des villes ont enivré d'un
vain plaisir.

LE MATIN

D'UN BEAU JOUR

A HYÈRES.

———— ⋅∞⋅ ————

Le jour tendre et délicat déroule à l'orient sa lumière mystérieuse, les ombres la confondent encore dans leur noirceur, et les astres de la nuit osent par leur éclat lui disputer l'empire du monde qu'elle vient éclairer; à peine si elle verse sur les objets un crépuscule pâle et vacillant. Mais d'une essence divinisée chaque minute ouvre un triomphe pompeux à la lumière virginale; elle croît rapidement, et bientôt efface sans combat les feux qui scintillaient avec tant de fierté, brise en souriant les ténèbres les plus épaisses, franchit sans effort

des espaces incommensurables, et belle, tranquille comme l'œil du Créateur, elle établit au palais du matin le règne amoureux de sa beauté..........

Aussitôt à la louange du jour renaissent les harmonies de la nature : le coq d'un cri perçant chante son arrivée, les zéphirs agitent leurs ailes et viennent le caresser, l'aurore monte dans la nue et le salue de ses couleurs, la rosée lui offre les perles de sa robe humide, et les fleurs épanouies l'essence de leurs parfums; enfin les flots murmurent sur les mers, l'agneau bêle sur les collines, et les oiseaux gazouillent dans les airs pour rendre hommage au jour libérateur...........

Au même instant tout ce qu'il éclaire sourit à son émanation : la chaumière du vallon se dessine au loin aimable et paisible, les champs cultivés rajeunissent de fraîcheur, les bois se dégagent et ouvrent au berger leurs solitaires clairières, le rocher moins hideux s'adoucit, les villes reprennent leur être et leur physionomie, les monumens reparaissent, et la voile du vaisseau flotte et blanchit vers le rivage maritime....... Puis, de toutes parts l'airain sonne, la voix s'agite, le pas retentit, le char roule, l'outil frappe, la mécanique façonne....... C'est le réveil de l'intelligence, c'est le bruit des travaux que l'homme commence sous les auspices du jour..... jour pur, don touchant de la divinité, présage heureux de la joie, de la vie et de l'amour! puisse l'être de prédilection se rendre

digne de ton bienfait! puisse-t-il, en passant sur
la terre, te voir passer sans marquer son front du
sceau de l'iniquité!........

Jusqu'alors, pour prix de sa beauté, l'étoile de
Vénus survivait dans les cieux à la disgrace des ses
compagnes; sa lampe, d'un superbe brillant, or-
nait le jour lui-même; mais soudain elle a disparu
aux regards jaloux de l'aurore, de l'aurore qui l'a
éclipsée, et qui, revêtue de ses plus belles couleurs, sème toutes ses roses à l'approche du soleil.

Après de longs intervalles durant lesquels tous les
objets semblent palpiter d'une attente délicieuse,
le foyer de la lumière et des couleurs se découvre
en globe resplendissant avec une pompe et une
majesté sans borne. Un seul rayon échappé de son
orbe immense suffit pour parer la nature de ses
plus beaux attraits : toute l'étendue du firmament
se peint en un bleu mêlé de vermeil, le flanc noir
de toutes les montagnes s'éclaircit, et leur sommet
se couronne d'un diadème de pourpre; les mers
quittent leur aspect sombre et menaçant, et réflé-
chissent comme un vaste miroir la lumière argen-
tée qui se joue dans leurs flots; les forêts se séparent entièrement de leur teinte mélancolique et
montrent avec orgueil des panaches d'un vert animé; les coteaux, les plaines fertiles étalent à l'envi
leurs rians végétaux, en un mot, toute la créa-
tion en joie ouvre tendrement son sein au rayon
puissant et régénérateur.......

Homme, quels que soient dans ce monde ton pays et ton culte, ton rang, ton bonheur ou tes peines, courbe ton front, incline tes genoux devant ce tableau que la Providence montre si souvent à tes yeux, mais qu'un seul instant de ta vie n'étudia jamais.......

Émanation primitive de la lumière, aimable point du jour, que vous êtes éloquent, et que tout ce que vous avez d'auguste et de divin est consolant et philosophique !.....

LE SOIR

D'UN BEAU JOUR

A HYÈRES.

———

Le soleil est incliné vers l'occident, son orbe en feu semble s'élargir et approcher insensiblement de l'horizon qui le dérobe à tous les regards. A ce signal les cieux brillent d'une nouvelle sérénité; les nuages qui y sont dispersés changent leur blanche laine en lames d'or saillantes et diaphanes; les zéphirs se délient et répandent partout une fraîcheur délicieuse, tandis que les oiseaux s'envolent sous la feuillée pour exhaler leurs doux chants d'amour. Cependant des flots de lumière se déroulent dans les airs en voile de vermeil, la vaste mer

brille des plus doux reflets, et sa surface légè-
rement ondulée les glisse en silence jusque sur la
poudre étincelante de ses bords ; tout ce qui couvre la terre, bois, vallons, prairies, vergers, en
reçoit des attraits enchanteurs, et le rocher
même, frappé d'aridité, semble dérider son front
sourcilleux aux dernières lueurs du flambeau du
jour..... A cette parure succèdent les ombres jalouses ; elles sortent en foule du fond de l'orient, et
vont se grouper dans l'étroit sentier des vallons. A
mesure que la lumière se retire, elles avancent et
suivent sa retraite en prenant mille détours mysté-
rieux, mille formes fantastiques ; bientôt la terre
en est remplie et le champ des cieux parsemés.....
Mais où est-il cet astre superbe ? les regards ne
l'aperçoivent plus, une patrie plus heureuse va
jouir de l'éclat de sa beauté, et le monde qu'il
éclairait reste abandonné par son plus bel orne-
ment. Être intelligent et libre, laisse là tous tes
travaux et viens adorer en tremblant les traces
brillantes de sa fuite..... Qui sait s'il reviendra demain anéantir les ténèbres qui environnent déjà
tous les recoins de ton asile ?.....

Toutefois, tel qu'un vaste incendie, le palais du
soir rougit et étincelle de toutes parts ; des flammes à forme svelte s'en détachent et vont se placer
sous la voûte céleste ; elles s'y déploient en échar-
pes gracieuses et en arcs lumineux. Alors l'aimable
demi-jour brille de nuances douces et tendres, les

ombres surprises en sont honteuses, tout ce qu'elles commençaient à effacer sur la terre et dans le ciel se reproduit sous une teinte purpurine, dernier présent d'un beau jour. Insensiblement les couleurs se dissipent et la clarté pâlit à son tour; un instant encore, et le règne du crépuscule va passer sous l'empire des ténèbres. Celles-ci, traînant à leur suite les pavots et les songes, reviennent à pas de géant, ternissent, effacent et triomphent de la moindre trace du jour; mille pointes diamantées se montrent dans l'empyrée pour en attester la grave victoire. Dans ce moment les champs perdent totalement les graces de leur parure et les cités l'aspect de leur orgueil; l'opulent ne peut plus y discerner ses immenses possessions, elles s'effacent comme sa vie au jour de son trépas; chaque objet semble devenir gigantesque, sans forme et sans atours aux yeux désormais sans vertu; l'obscurité, le silence règnent de toutes parts, et la nature assoupie semble contracter un deuil mélancolique, mais plein de tendresse pour l'infortuné. Tout-à-coup, au fond d'une vallée mystérieuse, paraît la paisible amante des nuits; enveloppée sous son disque argenté, elle monte dans les airs, et fait part au tableau de la terre du bienfait commun du père de la lumière. A sa présence le chant des jeunes filles égaie la chaumière attristée, la flûte champêtre soupire de doux sons et frappe les échos d'alentour, le voyageur égaré retrouve et suit sa route animé d'une vive joie, le rustique gardien et la brebis errante voient et reconnaissent le roc indicateur du sentier familier; sur les mers le nautonier incertain palpite de plaisir à la vue reconquise du port désiré, tandis qu'aux bords du lac solitaire le saule réfléchit son ombreuse chevelure, et le rossignol dans les bosquets charme le repos de sa docile compagne.

TABLE.

TABLE.

—

GUIDE DES VOYAGEURS.

	Pag.
Historique d'Hyères..............................	5
Intérieur de la ville............................	8
Ruines du Château	13
Abbaye Saint-Bernard..........................	16
Iles d'Hyères.................................	16
Presqu'île...................................	19
Territoire d'Hyères............................	20
Rivières et Torrens............................	20
Salines.....................................	21
Sauvebonne.................................	22
Carqueranne	23
La Crau.....................................	24
Situation topographique d'Hyères et son état sanitaire.....................................	27
Maisons meublées, à louer aux étrangers, au faubourg, quartier des Récollets.................	30
Maisons également meublées au bas de la ville....	32
« sur la place Royale....................	32
« extrà muros, à l'est...................	33
« à Carqueranne.....................	33
Hôtels.....................	34
Agrémens et Promenades......................	35

	Pag.
Routes et Messageries	41
Bateaux de service des îles	43
Notaires	43
Docteurs Médecins, Pharmaciens	44
Artiste Vétérinaire	44
Jardinier fleuriste	44
Maîtres de Musique, de Danse	45
Professeur de Dessin, de Grammaire française, de Latinité, d'Italien	45
Cabinet Littéraire	45
Poste aux Lettres	46

TABLEAUX ET DESCRIPTIONS.

Panorama des environs d'Hyères, pris des ruines de l'ancien Château	49
Les Jardins à Hyères	59
Le Parterre du Jardin Filhe	73
Promenade maritime aux environs des Pesquiers	81
Chasse aux Macreuses à l'Étang d'Hyères	89
Fête à l'Ermitage d'Hyères	93
Le Matin d'un beau jour à Hyères	101
Le Soir d'un beau jour à Hyères	105

FIN.

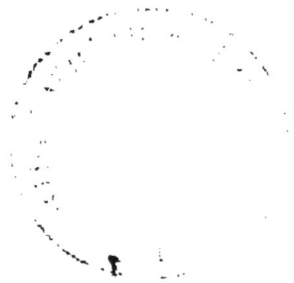

www.ingramcontent.com/pod-product-compliance
Lightning Source LLC
Chambersburg PA
CBHW060627100426
42744CB00008B/1532